U0142737

風雷一聲響，憾山千仞崗，氣蓋山河，風雲因而變色，寰宇為之改變！
旭日海中升，朝霞滿山林，雲淡風清，社會因而祥和，人類為之燦爛！

或叱吒風雲如希特勒，或教化人類如釋迦牟尼。**不同的抱負，各異的實踐**；各擅專長，成就了功業，改變了歷史。

難免的，滿懷熱情改革、堅持奉獻者有之；**夾雜權力和野心，亦不乏其人**。且留後人評斷。

經由風雲人物的真實故事，瞭解其人行為背後原因、動機，詮釋其人的經歷和遭遇，甚至生命的意義。讓我們快速穿透一位前賢的行誼；甚至於別人知道他有多麼偉大，而你卻知道他在別的一面沒那麼偉大！**看清一生的過程與真實**，讓他的生命在我們的時空多活一次，**助解我們自己的問題**。

閱讀吧！「**今人不見古時月，今夜曾經照古人**」，「傳記」給你！

改變歷史的

風雲人物011

Rockefeller

洛克斐勒

著｜吳惠林

楔子

人間的第一位億萬富豪是誰？他是二十世紀的首富、他是石油大亨，也是一位偉大的慈善家，被認為是二十世紀最具啓發性的人物；他不喜歡曝光，予人神祕莫測的印象。他生於一八三九年，卒於一九三七年，活了近一個世紀。他的名字叫約翰．戴維森．洛克斐勒（John Davison Rockefeller, Sr.）。

為什麼洛克斐勒會這麼樣有成就？天賦異稟抑或是後天造就？他如何經營龐大企業？又如何經營棘手的慈善事業？為什麼他被形容為天使與魔鬼的化身？為什麼有人極力讚揚，有人卻極力貶抑？真實的洛克斐勒到底是什麼樣子？我們能由他身上獲得什麼啓示？

有關洛克斐勒的報導文章、著作汗牛充棟，一九九八年出版的《洛克斐勒》（*TITAN: The Life of John D. Rockefeller, Sr.*）這本巨著（厚達八百頁）非常值得參考，作者是曾獲普立茲獎的朗・契諾（Ron Chernow）。當出版社請他撰寫這本完整的《洛克斐勒》時，他顯得相當猶豫，因爲洛克斐勒的傳記已被炒作過無數次。而且洛克斐勒是個極端重視隱私的人，能有多少精彩內容再炒實在堪疑。朗・契諾自問：洛克斐勒是不是一個空洞的人？是一心只追逐名利、有如行屍走肉，或者是個極有深度和熱力的人，只不過是有異乎常人的自制力罷了。若是前者，他就婉拒不寫；若是後者，則他希望一探究竟。這本書的出版，當然就明示洛克斐勒是個極有深度和熱力者。該書叫好又叫座，曾高居《紐約時報》（*The New York Times*）「最暢銷書排行榜」十六個星期之久，《時代雜誌》（*Time*）稱該書爲「美國最好的傳記之一」。所以，我們就以該書的內容爲基礎，擇其精華，夾敘夾議，簡單扼要眞實描述洛克斐勒的一生，從中就其經營一般事業和慈善事業做評述。

洛克斐勒生於十九世紀，卒於二十世紀，近百年的時間，正値美國建國不久，歷經南北內戰、工業革命、兩次嚴重的經濟大恐慌和第一次世界大戰，又是石油剛剛開採的世紀，時勢造就洛克斐勒這位巨人，故事精彩絕倫。我們就由洛克斐勒的身世背景及其家庭談起。

自序　重新認識洛克斐勒——企業家典範

二〇一四年中屆齡自研究單位退職以來，本人依然從事「一以貫之」的基本經濟觀念傳布工作，除繼續在大學、研究所兼課和在媒體寫專欄文章之外，更擴及寫科普專書。透過對古典自由經濟大師的有系統完整介紹方式，將正確觀念的養成經驗灌輸給中文世界的人士，特別希望年輕人——未來的社會主人翁有緣接觸，以奠定正確的「人生經濟」觀念，或許能將「已幾乎被賣掉的未來」重新找回來。

迄二〇一七年初，我已陸續完成《海耶克》、《弗利曼》、《亞當・史密斯》以及《寇斯》四本專書的出版。正在思索接續人物的當兒，出版社主編提議書寫「洛克斐勒」，一下就打動我的心弦，因爲洛克斐勒自二〇〇〇年之後就常在我心，是我心目中「企業家的典範」。那是因我爲朗・契諾撰寫的《洛克斐勒》（*TITAN: The*

Life of John D. Rockefeller, Sr.）中文譯本寫〈導讀：凡人中的「巨人」〉之故。厚達八百一十五頁的巨著我幾乎一口氣讀完，對於這位近代人類史上第一位億萬富豪、石油鉅子、大慈善家近百年的不凡人生驚嘆不已，特別對他是忠誠清教徒，遵奉上帝潔身自愛、自律甚嚴、不菸不酒、不社交應酬、講信用，以最有效率、最省成本的方式經營企業，而賺大錢的目的不在自身的享受，而是要造福人群，感到不可思議。

講信用、不菸不酒的忠誠清教徒

洛克斐勒無師自通，以「托拉斯」（Trust）方式經營「標準石油」，其間的酸甜苦辣，讓人既羨慕又嫉妒，以致飽受種種的抹黑、攻訐，眞眞假假、虛虛實實，讓人眼花撩亂；而洛克斐勒以其累積的龐大財富做慈善事業，照理說該被全面歌頌叫好，爲何又會招來冷嘲熱諷？究竟應如何看待這兩項洛克斐勒一生中最重大、也是影響人類最深廣的作爲呢？特別在二十一世紀天災人禍頻傳，投機金錢大泡沫衝擊，社會福利浮濫，導致各國債務沉重且瀕臨破產，資本主義被指爲罪魁禍首，人類面臨生死存亡關鍵時刻的此時，很有必要由洛克斐勒身上取經。

有鑒於此，我不假思索應允撰寫，藉由朗・契諾這本巨著摘要整理洛克斐勒的生涯，並部分參酌《石油世紀》（*The Prize*）和《富比士二百年英雄人物榜》（*Forbes Greatest Business Stories of All Time*）兩本書中關於石油開採和托拉斯經營的片段，再融入本人所秉持的自由經濟學理寫成本書。全書分成八章，由洛克斐勒的出生及幼年家庭生活開章，第二章描述洛克斐勒走入商界的過程，第三章記述洛克斐勒邁向事業頂峰，第四章則講述洛克斐勒創組托拉斯從成功至解散的故事，第五章撰寫洛克斐勒創建芝加哥大學的來龍去脈，第六章描寫洛克斐勒的慈善事業，第七章記述洛克斐勒的退休生活，最後一章結語則在追憶洛克斐勒這位「凡人中的巨人」。

以合作代替競爭的「托拉斯」

最值得強調的是，洛克斐勒獨到的「以合作代替競爭」之托拉斯模式，竟在一九三七年被一九九一年諾貝爾經濟學獎得主寇斯（Ronald Harry Coase, 1910~2013）以交易成本理論證明廠商之所以出現而予以肯定，相對地凸顯「反獨占法」是有問題的。而洛克斐勒對慈善事業幫助弱勢者的方式，以「天下沒有白吃的午餐」基本原則來避免「愛之適足以害之」的不幸下場，往維持弱勢者的尊嚴、積極培育他們的能力方式著手，更可作爲改革現今錯誤社福政策的寶貴參考。

洛克斐勒是位講究倫理道德的傳統典範人物，足堪當代人，特別是富豪們學習，畢竟「走回傳統」的確是一條明路啊！

本書之成還得感謝好友李秀卿的幫忙，以及五南圖書出版公司、編輯同仁的辛苦編校，也希望讀者不吝指教。

謹識於臺北市

二〇一七年七月二十日

二〇二三年三月八日一修

目錄

第一章　移民家庭

由於洛克斐勒的成功，在一九〇〇年代初，當洛克斐勒和卡內基（Andrew Carnegie）爭世界首富地位之際，德國和法國兩國也展開一場激烈爭奪洛克斐勒祖籍的競爭。而洛克斐勒在尋根時坦承，他無意扯上貴族，而是以美國的祖先爲榮。尋根的結果，遠溯自第九世紀在法國的洛奎弗勒家庭（Roquefeuilles），一六八五年由於擔心遭到宗教迫害而逃離，遷居到德國，同時把家族姓氏改爲德國化的洛克斐勒（Rockefeller）；一七二三年左右，約翰・彼得・洛克斐勒（Johann Peter Rockefeller）帶著妻子和五個子女跨海移居新大陸的費城，之後定居在紐澤西的農場，買下一大片土地。十多年後，他的堂兄弟狄爾・洛克斐勒（Diell Rockefeller）也由德國搬到新大陸的紐約德國鎮。狄爾的孫女克莉絲蒂納和約翰・彼得的孫子威廉結婚，生下了高福瑞・洛克斐勒（Godfrey Rockefeller），他就是石油大亨洛克斐勒的祖父，也是整個家族中最不像洛克斐勒家族的成員。一八〇六年，高福瑞在女方家長反對下於麻州和露西・埃弗利（Lucy Avery）結婚。

高福瑞和事業心重、很有魄力的妻子很難匹配，高福瑞身材矮小、窮困，而露西比高福瑞高大，且有一種咄咄逼人、火爆的浸信會教友氣勢，充滿信心、步履矯健，藍眼珠隨時提高警覺。露西曾擔任老師，教育程度也高於高福瑞。露西遺傳給後代家族男人修長的體格，而高福瑞則貢獻了藍灰色的眼睛和淡褐色的頭髮。精力旺盛、身體強健的露西，前後生了十個孩子，其中第三個孩子威廉．埃弗利．洛克斐勒就是石油大王的父親。

高福瑞和露西在一八三二年到一八三四年間收拾家當，塞滿寬輪大篷車向西行，威廉並未隨行。歷經千辛萬苦抵達紐約里奇福（Richford），他們擁有六十英畝原始未開發地。當高福瑞走出篷車，踩在最高峰上，環視周遭環境後，哀傷的說：「這和密西根州十分相似」，於是在追悼破滅的希望之餘，該地就被冠上傷悲的名字——「密西根丘」（Michigan Hill）。

當石油大王約翰．洛克斐勒在一八三九年出生時，里奇福已發展成一個舒適宜人的小鎮，也有些新興工業，像鋸木廠、磨坊、威士忌酒廠，還有一所學校和一座教堂。雖然大部分居民務農，勉強餬口，但這些新移民卻滿懷希望而非常打拚，孕育出新英格蘭地區清教徒儉樸的文化。

洛克斐勒家族胼手胝足、堅忍不拔，居住在一棟不起眼的小屋裡。露西能幹的處理家事和農務，從不推諉繁重的工作，機智靈巧、頭腦冷靜且足智多謀、善於應變，這些特質都傳給了她的孫子約翰．洛克斐勒。露西對草藥也很在行，曾用種在後院具有療效的灌木，自己在家熬了一些藥材。多年之後，露西好奇的孫子曾送這棵灌木的樣本給某個實驗室，以查驗是否眞的具療效。約翰．洛克斐勒也許從祖母身上遺傳了對醫藥的強烈興趣，一生不改其志，他創設了全球首屈一指的醫藥研究所。

上文提過，約翰．洛克斐勒的父親威廉．埃弗利．洛克斐勒並未隨父母西移。他以獨特的方式在一八三五年才漂泊到里奇福。當他第一次出現在鄰近一個小村時，裝聾作啞擺攤賣廉價新奇物品。他拿著一塊小板子，上面用粉筆寫著：「我又聾又啞」，再用繩子繫在鈕扣孔上。他用這塊板子和當地人交談，當他到里奇福時，一語不發的晃動一塊板子，以潦草的字跡寫著：「高福瑞．洛克斐勒的家在哪裡？」

由於時常假冒自己的身分，威廉〔暱稱「比爾」（Bill）〕連其產品也常仿冒作假。爲了逃避法律制裁，比爾居無定所。當他飄遊到里奇福西北三十多哩的奈爾斯（Niles）和莫拉維亞（Moravia）附近時，遇到了艾莉莎．戴維森（Eliza Davison）。這位生長在溫室中沒見過世面的村姑，被時常穿著錦緞裁製的背心或其他色澤鮮豔衣服、愛作秀又善於自我推銷的比爾迷住了。

艾莉莎的父親約翰．戴維森（John Davison）是蘇格蘭和愛爾蘭後裔，是浸信會教徒，小有財富，他極力反對女兒嫁給比爾。艾莉莎個性忠厚、沉默寡言，和比爾形成強烈對比，或許也因互補作用而覺得比爾魅力無窮。她哪會知道比爾油腔滑調、喋喋不休會帶給她什麼不幸，而艾莉莎十二歲時母親就過世，是由大姊一手撫養長大，無法由母親幫忙出主意。

一八三七年二月十八日，二十七歲的比爾和二十四歲的艾莉莎，在約翰·戴維森的極力反對下，於艾莉莎友人家結婚。里奇福鎮民大都相信，是比爾預謀想詐騙艾莉莎父親的錢財，而在詐騙中完成的婚姻。兩個完全不同個性的人結婚，爲所有未來的心痛、婚姻不睦和長期不安埋下伏筆，種種因素很可能塑造石油大王約翰·洛克斐勒充滿矛盾的人格。

在向艾莉莎求婚前，比爾有個論及婚嫁的女友南西，且是個美少女，但家境貧窮，需要錢的比爾，選擇了有五百美元嫁妝的艾莉莎結婚。不過，比爾和艾莉莎結婚後，竟堂而皇之地把南西迎進家中當管家，並且和艾莉莎輪流生孩子。一八三八年，艾莉莎生下大女兒露西（Lucy）幾個月後，南西也生下私生女柯洛琳達（Clorinda）。一八三九年七月八日，艾莉莎又生下一個男孩，這位注定要成爲全球首富的小男孩，會一直活到小羅斯福總統連任推行「新政」爲止，他被取了具有強烈道德意識的外公的名字「約翰·戴維森」。約翰出生幾個月後，南西又生下第二個女兒柯內莉亞（Cornelia）。

令人意外的是，艾莉莎很包容南西，但因南西經常吵鬧而被趕出家門，而在戴維森一家人求情下，南西和她的兩個女兒被安置在附近的哈福德米爾斯，和她的父母同住。比爾雖然沒良心，卻未泯滅天良，他偷偷放了好幾包衣物在南西家門口。南西後來嫁了人，又生育了幾個子女，同時讓原先和比爾生的兩個女兒接受良好教養。柯洛琳達早夭，柯內莉亞長大後當了老師，個子高、聰明、迷人，酷似比爾，嫁給沙克斯頓（Saxton），繼續留居里奇福。不過，只有寥寥可數的當地人和洛克斐勒的親戚知道她和約翰．洛克斐勒是同父異母兄妹，而柯內莉亞也從未試圖利用和全球首富的血緣關係牟利，但她的後代就沒那麼客氣了。洛克斐勒的檔案顯示：一九一〇年，底特律的沙克斯頓曾試圖向他借一萬五千美元，但被祕書一口回絕。究竟洛克斐勒知不知道他有兩個私生姊妹，始終是個謎。

除了南西這段婚外情讓艾莉莎受羞辱外，在里奇福不愉快的三年婚姻生活中，艾莉莎還經常遭到遺棄。比爾的個性浮躁、目中無人，寧可在黯淡的社會階層討生活。新婚時，比爾曾安分一陣子，在密西根丘經營一家小型鋸木廠，兼營鹽、皮毛、馬和木材生意，但不久就故態復萌，隨心所欲過著跑江湖的日子。他經常像個逃犯，在夜色掩護下鬼鬼祟祟離開，一走好幾個星期、甚至好幾個月才摸黑返家。他多半會先對窗子扔小圓石，表示他已回家了。比爾會先幫家人安排他不在家時的生計，事先跟一家可賒帳的雜貨店老闆里奇（Chauncey Rich）說：「我不在家時，我們一家大小要什麼先給他們，等我回家再結帳。」由於不知道賒帳什麼時候會碰壁，艾莉莎乃克勤克儉過日子，而且灌輸孩子「節儉」的座右銘，像是「揮霍無度，生活貧困」等。

在旅途中，比爾會臨時想出不少賺錢花招。比爾是一流射手，到處參加射擊比賽，經常帶回家一大筆錢。他也是個很會熱情招呼客人的小販，因此雖哄抬價格，戒指等小飾品還是很搶手，但他多半時候以「藥材醫師」或「草藥醫師」自居。當時一般醫師還兼放血、起水和使用瀉劑等猛藥治病，很多鄉下地方沒有醫療設施，這類江湖郎中正好可以填補。在比爾身上，可以看到花言巧語、平易近人、爽朗快活的一面。有時他叫賣瓶瓶罐罐自家調製的萬靈丹，或者向藥材商進些成藥，最成功的是從露西種的草藥萃取的自然藥材。雖然露西對草藥治療很有興趣，比爾卻過分誇大或扭曲其療效，例如：他到露西的灌木園中採集狀似小藥丸的紫色小漿果，向農婦推銷說是治胃病的特效藥，吹得天花亂墜，並哄抬價格。

比爾點燃里奇福鎮民的想像力，又把大家搞得糊里糊塗，還製造一大堆謠言和臆測，於是大家封他一個「魔鬼比爾」（Devil Bill）的外號。鎮民謠傳比爾是個賭棍、馬賊、亡命之徒。不過，鎮民儘管不敢恭維比爾對待家人的方式，也對他遊走法律邊緣的一些行爲不認同，但還是對他豪放爽朗的幽默感和荒誕不經的故事頗爲著迷。有些鄰居希望比爾得到應有的報應，但統統失望了。有一次比爾一走好幾個月，艾莉莎欠雜貨店的錢竟超過一千美元，有人甚至謠傳「魔鬼比爾」被捕了。沒想到他卻像個鄉紳，駕著華麗的馬車進入鎮內，比爾坐在一群駿馬後面，襯衫前碎鑽閃閃發光；在雜貨店中他特地用大鈔付清欠債。在經歷這類旅程後，比爾在晚餐時將親朋好友聚在一起，除了大啖美食外，也講些和西部拓荒者及印第安人之間的流浪冒險事蹟，賓主盡歡。比爾就是有本事把他的經歷編織成吸引人的故事，使艾莉莎和孩子對他的行旅有身臨其境的感覺。艾莉莎是比爾在外冶遊的最大受害人，獲得鄰居深切同情，大家都覺得她被丈夫虐待，但艾莉莎仍忠心耿耿，拒斥許多可以中傷報復比爾的機會，益發凸顯她十分尊貴。

約翰．洛克斐勒三歲時，他們家就搬到莫拉維亞，因而對里奇福只有一點模糊的記憶：「潺潺流過家門前附近的小溪，我還記得一清二楚，我得小心翼翼才能避開它。我還模模糊糊記得母親在里奇福，還有住在山上一哩左右的奶奶。」

洛克斐勒家人決定離開里奇福，經濟的原因——貧瘠的土地——固然重要，而眞正的理由應是艾莉莎擔憂里奇福鎭低下的道德水準，像鎭上只有一座教堂。她也可能急欲讓孩子脫離洛克斐勒姻親喧鬧酗酒的影響，讓孩子多接近沉穩的娘家（戴維森家族）。洛克斐勒一家後來搬到距戴維森農場僅三哩的莫拉維亞，讓艾莉莎在丈夫習慣性的遠離家園時，可以就近和父親相依爲命。

洛克斐勒的童年

一八四三年，比爾以一千美元訂金，在莫拉維亞鎮北方鄉下郊區，買了一塊占地九十二英畝綠草如茵的高地。比爾建了一棟屋子，擁有七、八個視野良好的房間，穀倉在小路對面，屋後的燻製室供燻製火腿和培根之用。

比爾的前三個孩子露西、約翰和威廉都在里奇福出生，一八四三年，艾莉莎又懷了身孕，比爾又上路了，艾莉莎也生下了第二個女兒瑪麗安（Mary Ann），兩年後又生了一對雙胞胎，男的叫法蘭克（Frank），身體健康，女的叫法蘭西絲（Francis），在兩歲生日前不久夭折。艾莉莎努力保護當時才七歲的約翰不受第一次死亡的痛苦經驗影響，當法蘭西絲下葬時，差遣約翰到原野去撿石頭，但適得其反，約翰此後反而時常對死亡表現出一種莫名的恐懼。

在莫拉維亞，比爾是個誠實可靠的公民和一事無成的廢物之混合體。就像在里奇福，鎮民瞪大眼睛好奇地看他打扮光鮮，騎馬奔馳而過。由於他揮金如土，人們都誤以為他是鎮上首富。住在莫拉維亞的這段時間是約翰童年的黃金時期，因為他父親一度渴望躋身上流社會。比爾開辦了一個合法且相當成功的伐木業，並說服鎮民捐錢建一所學校，這種足智多謀、積極進取的態度遺傳給了約翰。比爾也在歐瓦斯科湖放養小梭魚，還主持當地一個戒酒協會。

比爾並未親身下場幹粗活，他請一個叫歐德爾（Hiram Odell）的鐵路工來幹農場粗活，並在他仍經常出走的期間照顧他的家人。艾莉莎會叫孩子做些例行農事，約翰於是養成做手工粗活的習性，使他日後更堅強地足以應付工商業界的挑戰。童年時期的儉約生活，使約翰原本就禁慾平靜的本性更強化，也使他得以應付後來遭遇的逆境。

一八四〇年代，美國各種經濟活動陸續展開，點燃想在未來發大財的各路人馬的夢。銀行如雨後春筍般出現、城郊運河縱橫交錯、汽船在河上往返疾駛、鐵路和電信鎔鑄了全國各個市場。德州在一八四五年被美國兼併，和墨西哥的戰爭似乎也無可避免。當時的約翰・洛克斐勒雖然還是個孩子，卻已有「經濟人」的樣子。他論磅買進糖果，再分裝成小包，轉賣給兄弟姊妹，小賺一筆。七歲時，在母親鼓勵下，他把賺來的金銀銅幣都丟進一個瓷碗內存放。也就在那一年，約翰初次在事業上成功出擊。他尾隨一隻母的大火雞走進森林裡，找到巢穴，還養了一群小雞出售。艾莉莎提供他凝乳餵火雞，次年還擴大飼養規模。

約翰的學習能力遲緩，但極有耐心和毅力，從小就有數學頭腦，可靠但不聰明。他內斂、不在意別人的看法，不像一般男孩子那麼勇於表現。這個冷漠的孩子有些特質，他抓緊目標後就一心一意貫徹到底。爲了確保自己能贏，他只玩那些他能主導規則的遊戲。雖然他動作緩慢、拖泥帶水，但一旦他的行動計畫想清楚後，就會很快速地做成決策。

約翰喜歡上教堂，因爲這可以澈底滌盡並喚醒他的靈魂。年輕時，他時常被灌輸一些有關福音派新教的教義，後來就成爲他的行爲準則。他的不少清教徒的態度，後人看來似嫌古老過時，在他童稚時期卻是普通的宗教信仰。事實上，有關約翰的驚人商業成就和偉大事蹟，和他童年時期籠罩在紐約上層的那種濃郁地獄試煉氣氛密不可分。連他經常和魔鬼打交道的父親也熟記不少聖詩，還叫子女要上教堂，有一次甚至給約翰五美元，以獎勵他唸完整本聖經，因而約翰自幼就在上帝和金錢之間畫上等號。比爾是個離經叛道的化外之民，並未眞正加入任何教會，但約翰則視宗教如同摯愛的母親，他在聖經中找到癒合創痛的靈魂安慰劑。

約翰到離山頂不遠的一所主日學校上學，老師原先是個無神論者，經懺悔後才皈依基督教。約翰認為宗教並非表示救贖的制度，而是在地球上進行道德改造的工具。由於比爾經常遠行，艾莉莎請一個長老教會的鄰居每星期天早上順道送她和幾個子女到浸信教會。當全家人坐在教會一張長板凳上時，艾莉莎鼓勵孩子捐出銅板，這種利他行為影響了約翰往後的行善。而約翰從小就被教導要工作存錢、正當賺取應賺的錢，且盡可能捐輸是一種宗教責任。教會縮小了約翰的社交生活，但擴大了他的視野，並使他得以接觸更大的社會問題，最後並且為他步入慈善世界鋪路。

若說約翰得以走出其父親「魔鬼比爾」誇張古怪行徑的陰影，享受到一個樸實平凡的童年，多半要拜母親艾莉莎和教會的影響所賜。在困境中，逼使艾莉莎發揮單純村婦所蓄積的深厚力量和智慧，面對在外冶遊、不負責任的丈夫，仍能堅毅勇敢的照顧五個子女。由於艾莉莎的表現，約翰對女人產生一種根深柢固的敬意，不像南北戰爭後經濟大繁榮時期的其他財閥，約翰從不認為女人只能扮演陪襯的角色。

比爾雖然放蕩，但他朝氣蓬勃，酷愛尋歡作樂，所到之處，周遭的人都感染到他的快樂。對於子女來說，母親艾莉莎代表紀律，比爾則代表歡笑、有錢和好日子。

比爾是個神槍手，可以一槍打中空中飛鳥，在出售成藥時，他神乎其技的射擊術很管用，可在陌生的城鎮吸引人氣。比爾並不只是一個無憂無慮的享受主義者，在某些方面很有道德觀念，他鬥志昂揚的主張戒酒，因爲酒精毀了他父親高福瑞。當比爾逮到兩個兒子在穀倉抽菸時，便疾言厲色的斥責。

比爾讓約翰印象深刻，或者說讓約翰最引以爲豪的是「錢的神奇魅力」。比爾對鈔票有所崇拜，時常拿著厚厚一疊鈔票到處亂現，數了又數。他和小鎮上的其他人一樣，對銀行不信任，把錢都存在家裡。而這種不信任感傳給了約翰，使他後來不讓華爾街的理財專家「染指」標準石油公司。

約翰童年時最大的痛不是貧窮，而是經常擔心錢不夠用，因而可以想見爲什麼現鈔對他有如上帝的恩賜，是可以減輕生命憂愁的神聖物品。當全家積欠好幾個星期、甚至幾個月的帳單，急得如熱鍋上的螞蟻等父親回家時，比爾會突然現身，像個快樂的聖誕老人，帶來一堆鈔票。爲了彌補長期不在家，比爾慷慨的發錢給孩子。對約翰來說，錢和這些短暫但愉快的插曲密不可分，只有在這個時候，快活似神仙的父親才會在家，而全家也才可以像眞正的家庭團聚。

在莫拉維亞早期，比爾開始訓練約翰如何做生意，八、九歲時就被派去爲家裡採買柴薪和議價。約翰從他父親身上學到的最重要教訓是「凡事要精打細算」。說到商業道德，比爾是個怪異組合，時而極尊貴，時而又是個大騙子。比爾向約翰暗示，商場是硬碰硬、流血競爭的廝殺，可以不擇手段智取對方。他傳授約翰一套尖銳無情的議價方式，這後來成了約翰的註冊商標。比爾議價時最不按牌理出牌，有一次去標一個農場時，一下子殺了一千美元，爲了敲定價格，他建議雙方打靶分高下，比爾贏了，當場省一千美元。身爲江湖郎中，比爾向容易上鉤的鄉下人兜售來路不明的藥，也因此他藐視一般人的智慧，他也儘量利用人們天眞而輕易相信別人的弱點。

比爾當了老闆後，自創一套特異的管理風格。在他正派經營木材生意時，付給員工的薪水優渥、快速，但他習慣請人做短期工，禮貌的告知對方，「我們用不著你了」，但幾天後再請他們回來。約翰對他父親這套不安定的用人策略推崇有加，他形容其父親「對員工最開明和善」，也很務實、敏銳、十分清醒和足智多謀。比爾都很準時償付債款，且對合約的公信力深信不疑，在簽約時總是煞費苦心、嚴謹的履行合約。這些風格都留給了約翰，讓他一生受用無窮。

到底約翰．洛克斐勒管理標準石油公司時，是和他父親一樣的肆無忌憚、不擇手段，或是像他母親嚴守分際、贏得別人的尊重？柏特藍．羅素（Bertramd Russell）就說：「洛克斐勒的言詞、思想，感覺都得自母親眞傳，但他所作所爲則遺傳自父親，加上不快樂的童年使他的行事更加審愼。」或可這樣說，洛克斐勒的成就來自他兩股經常交互作用，但根深柢固的矛盾性向，亦即父親的膽大妄爲和母親的謹愼之結合。

一八四九年下半年，比爾再度離家在鎮郊遊蕩，尋找落腳的新市鎮。一八五〇年春，比爾全家再搬遷到靠近賓州邊界的「歐威哥」，當時的比爾是帶罪之身的逃犯，可能希望有任何風吹草動時靠近州界方便竄逃。約翰當時才十歲，可能對新發生的事一無所知。不過，也許因爲倉促離開莫拉維亞，約翰對其父親的敬意開始摻雜著更多的敵意和難以名狀的感覺。

究竟洛克斐勒從何時開始覺得「以父親爲恥」，雖然難以知道，但這種情緒攸關他的整個發展，因而還是需稍加檢視。在約翰童年住過的鄉鎮，比爾顯然是個有魅力但惡名昭彰的角色，對他在外遊蕩和收入來源，引發了無休止的揣測。一個小男孩有這樣的父親，要有能耐過濾惡意的謠言，並對輿論充耳不聞，這使他一生養成守口如瓶的反射性習慣。他也對人群恐懼、對無聊的閒談和信口開河尤其不屑。約翰學會低調隱密的行事風格、對陌生人尤其傲慢的拒人於千里之外。比爾教其子女要提防外人、甚至親人也不例外。艾莉莎也教導子女不要搬弄是非、揭人隱私，更不要和外人談家務事。所以，童年時已能無視於鄰里說長論短的約翰，對往後環繞其生活的種種風暴爭議，早已做好萬全的準備，因而得以全身而退，甚至還能展開反擊。

洛克斐勒全家從里奇福遷居莫拉維亞、再到歐威哥，由於一個城鎮比一個大且繁榮、甚至充滿希望，他們倒覺得是在力爭上游。歐威哥是個精緻高尚的綜合性城鎮，有個莊嚴肅穆的法院、一個藏書豐富的圖書館、一所名校，並有其他文化正在萌芽茁壯的跡象。在洛克斐勒家族抵達前，已有鐵路通過。

比爾之所以相中歐威哥，可能爲的是木材生意。在洪水暴漲時，木筏很容易順流而下，而幾家木材廠在鎮上紛紛出現。一八四九年九月二十七日，就在洛克斐勒全家搬到歐威哥前夕，一場恐怖的大火吞噬了城鎮中心一百零四棟建築物，只剩三家商店，可說整個城鎮都需重建，讓木材業生意興隆。

在歐威哥的三年期間，比爾的越軌行徑比過去更詭異和莫測，他出現在鎮上的時間短，次數也不多，但因他的穿著最考究、戴著一頂體面的絲帽，當地人卻對他印象深刻。艾莉莎當時雖只有三十多歲，卻因經歷種種波折，堅毅削瘦的面龐早已喪失年輕的光彩，但人人讚美她一絲不苟、乾淨俐落的外表，以及威嚴的樣子。她對英俊丈夫的一切幻想破滅，使她更專注家事，對子女的管教一手包辦。艾莉莎發現歐威哥的宗教氣氛有益身心健康，當地的浸信教會教徒都是積極進取的福音派傳教士。每到禮拜天，艾莉莎和孩子輪流搭鄰居便車，到村裡唯一一間浸信會教堂做禮拜。

在歐威哥，艾莉莎越來越依靠約翰，好像要訓練他儘量做到比爾做不到的一切。而約翰也和母親一樣，比爾不在時反而顯得比較強勢。他肩負多重責任，使他對繁重的責任早已習以爲常。沒有上學時，約翰幫忙劈柴、擠牛奶、汲取井水、照顧花園、出去購物。母親不在時，更負責照顧年幼的弟妹。在十歲、十一歲時，就在他能力範圍內學會做生意。

約翰以他父親的替身自居，嚴格控制家計，同時學會精明的評估世界情勢。有一次他花三天時間幫當地一個農夫挖馬鈴薯，一天工資三十七點五美分，不久後，他借給一個農夫五十美元，利息高達百分之七，到年底就賺到三點五美元。對這個美好的數字他簡直不敢相信，也使他得到啓發：要讓金錢成爲他的奴隸，而不是淪爲金錢的奴隸。

約翰被指認自幼愛錢，而且渴望成爲大富豪，其實這種童年夢並沒有什麼奇特之處，因爲當時的環境已經給千百萬可能受影響的學童灌輸發大財的幻想。南北戰爭前的美國是個充滿高度冒險的地方，給辛勤打拚的年輕人創造無限的機會。在和墨西哥作戰後，大片大片在德州、新墨西哥州和加州北部的土地，早在一八四八年就併入美國版圖。同年，加州的約翰．舒特（John Sutter）鋸木廠發現黃金，引發九萬名採礦者一陣狂熱的西行尋金熱。成群結隊的淘金客橫越美洲大陸，繞道南美航行，或跋涉過巴拿馬地峽，不畏路途艱險到加州淘金。大文豪馬克吐溫指出，加州黃金熱是「新的金錢崇拜」，是「貶抑美國立國理想」的劃時代事件。

離開歐威哥前，約翰接受了一流教育，這在當時的美國農村地區是個異數，因爲早年上中學的孩子少之又少。起先，比爾的子女到離家不遠的一所學校上學，由於家境貧窮，一個友善的鄰居幫他們買教科書。一八五二年，約翰和弟弟威廉上歐威哥學院，是一所紐約區數一數二的中學，創立於一八二七年。學生被要求每兩週寫一篇論文，並就指定的題目發表演說，藉以磨練學生的語言技巧。在三百五十個學生中，不少來自富有的都市家庭，每學期收三美元的高學費。由此可見比爾跑江湖賣藥兩年後，在歐威哥小有財富。約翰兄弟被列爲清寒子弟，還曾因衣衫襤褸寒酸，拍全班合照時被攝影師排除在外。不過，約翰並不在意，還一直珍視和同窗的這段情誼。在艾莉莎當家下，沒有人會因被人輕視而病態的不能自拔，而是把眼光放在未來。約翰並不指望在校人緣好，似乎在他父親引起太多人注意後，他只希望安安靜靜混在人群中，不要引起別人注意。

很多家境富裕的學生住校，洛克斐勒家的孩子每天早上得走三哩路上學，天氣暖和時，常赤足在泥灰路上漫遊。約翰經常以從容的步調提早出發，邊走邊好整以暇的想東想西，眼光永遠定定的看著前方，有時也抄小路走捷徑，有時坐在路旁要求路過的卡車司機讓他搭便車。約翰是個認眞、有耐心但並不出衆的學生，沒有比較值得一提的出色表現。學校生活只有一樣眞正吸引他，那就是每週六，校長會展示一些當時掀起美國企業革命的最新發明。約翰總是牢牢盯著所展示的電報器材（一八三七年摩斯發明的）、原電池組和其他匠心獨具的現代設計，這些東西比其他社會問題受到他的關注。

一八五三年初，比爾攜家帶眷，搭火車到俄亥俄州距克里夫蘭十多哩的草原小鎮史壯鎮（Strongsville）落腳，全家再次隨著他四處漂泊。此時的比爾再次悄悄背離他那個還茫然無所適從的家，這次又搞了一段新戀情，而且比過去幾次婚外情都認眞，也終於使他和家庭決裂。在里奇福、莫拉維亞和歐威哥，艾莉莎和子女至少還可以享受家庭生活，保留一點尊嚴。如今比爾竟把他們丟在他姊姊莎拉安（Sara Ann）和姊夫休密斯頓（William Humiston）的家，每年付三百美元當安家費。他們在一個陌生的新市鎮孤立無援，一下子從歷盡千辛萬苦才爬上來的社會階級跌到谷底。

此時的比爾已完全放棄木材及其他穩當的行業，成為四海為家到處推銷偏方的「江湖郎中」。在史壯鎮的第一年，比爾只回家三、四次，但鎮民卻對他在行旅中種種出軌的事一清二楚，他還有個「洛克斐勒醫生」的綽號，這帶有挖苦的意味。

一八五三年秋，在史壯鎮八個月後，比爾決定讓約翰和威廉接受教育。他駕車送他們到克里夫蘭租屋居住，每星期付一美元食宿費用。由於經常搬家，約翰還因此被克里夫蘭學校處罰留在初中，等於是留級。一八五四年，十五歲的約翰終於上了高中，這所「中央高中」（Central High School）校風很好，特別強調作文。約翰必須交出四個題目「教育」、「自由」、「聖派屈克教堂」和「憶往」的文章才能升級。從這些文章可看出約翰是個民主小鬥士；他主張廢除奴隸制度，在〈自由〉這篇文章中，他寫出「人類如坐視同胞手足遭到奴役，將違反我們國家和上帝的法律」。他相信，只有人民都接受良好的教育，美國才能進步。這種反對奴隸制度，主張教育普及的論調，和對政治及教會專政同樣不屑的北美浸信會福音教徒的觀點一致。白手起家的約翰．洛克斐勒，終其一生厭棄貴族和教士，指他們娘娘腔，把他們視為反對改革者，是敵人，指他們是只想享特權，反對進取者。

約翰年少時最出人意表的是他沉迷於音樂，甚至一度想當音樂家，每天練琴六個小時，當他們還住在歐威哥時，艾莉莎幾乎被練琴的聲音搞得發狂。當時鋼琴是有教養的中產階級家庭的象徵，約翰的學琴極可能暗示他在這方面的夢想。約翰認爲其他藝術形式都具顛覆性，會鼓動激情和異教徒感官主義，而音樂給他一座藝術橋梁，讓他可以在教會許可下盡情享受。

怪異荒唐的父親

一八五〇年代初，約翰的父親比爾，其行爲舉止已從怪異慢慢惡化成半病態狀態。他假扮成多重身分，又常改名換姓。早在他初到里奇福時，就曾告訴某些人他名叫洛卡斐羅（Rockafellow）。在歐威哥時，比爾偶爾在附近小鎮現身，自稱是眼耳科醫師威廉・李文斯頓（William Levingston）。當他們搬到俄亥俄州時，他過著雙重生活，既是威廉・洛克斐勒醫師，也是威廉・李文斯頓醫師。這第二個名字也許一開始只是個信手拈來的簡單化名，因爲無照行醫，保護家人不會受他不名譽的行徑所影響，但到一八五〇年代初已根深柢固，成爲他離家時的另一種身分。

在爲木材事業做最後一搏時，比爾在一八五〇年代初北上加拿大，買了上等胡桃木和白楊木，再以厚利賣給鋸木廠。搬到安大略尼加拉（Niagara）後，他又故態復萌，以江湖郎中跑遍附近鄉間，以「李文斯頓醫生」自居，而且的確有不少醫好的病例，可以說「比爾從未在任何大學習醫，但他天生是個治療師，技術高人一等，他在加拿大和紐約北部還小有名氣」。

一八五二年左右，比爾幾乎忘了在歐威哥的一家老小，在安大略諾維奇（Norwich）認識一個可愛溫柔的美少女瑪格麗特．艾倫（Margaret Allen），當時的比爾四十二歲，瑪格麗特只有十七歲，比約翰大四歲而已。比爾隱瞞了一切，把瑪格麗特一家人騙得團團轉，表現得像是個性情穩定溫和、沒有不良嗜好、心地善良、人緣好、人見人愛的男人。化身李文斯頓醫生的比爾，受艾倫一家人歡迎的程度，顯然超過在洛克斐勒受妻子戴維森家族歡迎的程度。一八五五年六月十日，比爾在紐約歐威哥以南不遠的尼可斯（Nichols）和瑪格麗特結婚，展開一段祕密的重婚生活，且終其一生未變。

比爾一開始並未和瑪格麗特同居，爲了讓她適應其反覆無常的生活方式，一開始他每年到安大略去看她一次，並和她的家人一起生活。剛開始他並不想拋棄原來的家人，一八五〇年代，有一陣子比爾繼續在兩個妻子之間來回走鋼索，雙方都不知道對方的存在。

比爾的這第二段婚姻，立刻影響到約翰。本來他一直打算要上大學，艾莉莎更堅定他的決心，希望他來日能當浸信會牧師。但比爾粉碎了約翰的夢想，不同意他上大學，而要他立刻開始找工作。一八五五年五月左右，距七月十六日畢業典禮只差兩個月之際，約翰突然退學，顯然因為比爾要在六月十二日結婚，必須削減第一個家庭的開銷，而且比爾也要約翰代理父親照顧弟妹和母親，做生意比上學更實在。

比爾從不相信課本上所學的東西，認為追求大學文憑是昂貴的嗜好，而埋頭苦幹、追求名利的年輕人應該上商學院或函授學院課程。約翰聽從父親的建議，繳了四十美元學費給佛桑商學院（E. G. Folsom's Commercial College），上三個月的短期課程。學校教複式記帳法、練字及銀行交易和商業法入門，約翰很喜歡這些宗旨明確的課程。一八五五年夏天結業時，約翰已十六歲，準備逃離家庭，把全部重心放在大有可為的商業界。

第二章　向商界叩門

一八五五年八月，十六歲的約翰．洛克斐勒在克里夫蘭酷暑中開始找工作，開展美國有史以來最具傳奇色彩的一頁。當時的時機並不好，但這個少年郎的野心不小，他仔細瀏覽研究克里夫蘭工商名錄，找出那些信譽卓著的機構。由於本能的崇拜大企業，他很清楚自己要什麼。他有初生之犢不畏虎的精神，每到一家公司都要求見老闆，通常老闆沒空，他就對助理明白的說「我懂簿記，我想找工作。」

儘管一再碰壁，約翰卻毫不氣餒，每天早上八點鐘，離開租來的房子，穿著高領黑西裝、打黑領帶，挨家挨戶和公司預約洽談，日復一日，每週六天，一連六週。街上酷熱難耐，約翰走到腳底起泡疼痛不已，但他堅持到底，主要是不想再靠怪異的父親過日子，也不想務農。就這樣義無反顧，沒有任何疑慮或自憐，約翰也就不畏任何挫折。

當時的克里夫蘭，人口約三萬，對渴望在商場嶄露頭角的年輕人來說，是個夢寐以求的新興都會，吸引不少新英格蘭人到此謀求發展，他們也帶來清教徒的傳統習慣和老家的交易文化。雖然大部分街道未鋪柏油，也沒有下水道系統，但克里夫蘭是伊利湖和俄亥俄運河的港口，自然成爲交通運輸網樞紐。當克里夫蘭、哥倫布和辛辛那提鐵路於一八五一年竣工通車後，更創造了水陸交通的絕佳機會。不過，即使占盡濱水區地利之便，工作前景一時仍很黯淡，沒有公司要請年輕新手。在找遍所有公司行號後，約翰決定從第一家開始再試一次，有些公司他甚至去了兩、三次。其他年輕人可能早就打退堂鼓，但約翰越挫越勇。

一八五五年九月二十六日早上，約翰走進修伊和塔托公司（Hewitt and Tuttle）這家代理商和產品航運業者，接受合夥人之一亨利．塔托（Henry B. Tuttle）面試。對方要找人幫忙記帳，請約翰午餐後再回去。約翰欣喜若狂，但儘量不喜形於色，步出辦公室下樓拐個彎，步履飄飄的走在街上，內心暗喜。好不容易等到午餐過後，約翰折返辦公室，大股東艾沙克．修伊（Isaac L. Hewitt）負責問話。修伊擁有克里夫蘭不少地產，且創立克里夫蘭鐵礦工廠，是個資本家。在仔細端詳約翰的筆跡後，宣布「我們願意給你一個機會」。顯然公司急需助理記帳員，他們立即叫約翰把外套掛好，即刻開始工作，連薪水都來不及提。那時青少年不乏無薪當學徒的，約翰一連上三個月班才領到第一份微薄的薪水，溯自上工那天起。終其一生，約翰永遠記得九月二十六日是「工作日」，比他的生日還都熱烈慶祝。有人甚至說那一天才是他眞正一生的開始，他在商場中獲得重生，一如他在伊利街浸信會教堂得到重生般。約翰終於從他父親比爾的陰影中釋放出來，走出童年在不同城鎮間顛沛流離的生活。

由記帳起步

約翰每天黎明即起，到辦公室點著昏暗的鯨魚油燈，他很喜歡辦公室的一切措施和制度，工作使他如痴如狂，獲得解放。他不覺得堆積如山的帳本枯燥乏味，由於過去曾幫母親管帳，打好了基礎。他從記帳員起家，早就學會重視數學和事實，不管多微不足道，都錙銖必較。「會計是資本主義的核心」，馬克斯．韋伯（Max Weber）在《基督教倫理和資本主義精神》（*The Protestant Ethic and the Spirit of Capitalism*）名著中就說：「理性的簿記是資本主義精神和組織的一環」。著名的經濟學家熊彼德（Joseph Schumpeter）也指出，「資本主義把金錢單位轉變爲理性的成本效益計算工具，其中最偉大的界碑是複式簿記」。對約翰．洛克斐勒來說，簿記是最神聖的經典，可作爲決策指針，同時使人免於錯誤的感情用事。它可用來評估業績、揭發詐欺，也可找出隱而未現的低效率等缺失。洛克斐勒曾斥責散漫的對手「很多人聰明一世，卻是一本爛帳，以至於他們無法準確知道在某次交易中什麼時候賺錢、什麼時候賠錢。」

約翰興味盎然地經營公司的帳，以比花自己的錢還負責的態度處理。他仔細查帳，連幾分錢的出入都不放過。除了寫信、管帳和付帳，年輕的洛克斐勒也成爲修伊租屋公司的一人收帳經紀。他溫文有禮，很有耐性，展現不屈不撓的韌性，去向人討債時，好像命都豁出去了。

修伊和塔托公司雖然規模不大，對有心向上的年輕企業家仍不失爲一個理想的訓練職場，洛克斐勒藉之接觸廣大的商界，更使他對運輸業的眼界大開。一八五五年最後一天，修伊給洛克斐勒五十美元作爲三個月的工資，每天薪水略高於五十美分，他並當場宣布，這位助理簿記員的薪水將大幅調高爲月薪二十五美元或年薪三百美元。洛克斐勒對該次調薪充滿罪惡感，覺得像個罪犯，也許是囿於宗教戒律。旁人覺得他既高興又擔心自己貪得無厭。他心裡有數，存錢是一回事，明目張膽的貪財是另一回事。

洛克斐勒天生熱愛工作，從不叫苦，沉迷於企業界源源不斷的奇妙挑戰中。他是個虔誠基督教徒，每天三省其身，控制自己的欲望。他每天在修伊和塔托公司工作時間很長，工作幾乎變成難以抗拒的事項。每天清晨六點半開始上班，帶著便當到辦公室，且常在吃過晚飯後再回辦公室，一直待到很晚。簿記是他私生活的重心，由於他發現數字簡單、乾淨，讓人平靜，忘掉痛苦，他也把用在公司那套做生意的原則用到自己的理財上。當他在一八五五年九月開始工作時，花一毛錢買了一本紅色小冊子、一本神聖不可侵犯的「A帳冊」（Ledger A），詳細記下每筆開支和收入。終其一生，洛克斐勒珍視A帳冊如最神聖的傳家之寶。

至此，約翰已能自力更生，完全不再靠他父親，其收入的一半用來付房租和一個洗衣婦的工資。他自幼就樂善好施，第一年上班後，就捐了百分之六的薪水給慈善機構。一八五九年二十歲時，他所捐的善款已超過薪水的百分之十；該年他也曾捐錢給辛辛那提一個黑人，幫他買回淪爲奴隸的妻子；次年，他又捐錢給一家黑人教會「衛理公會」，以及一家天主教孤兒院。這都在他的A帳冊中明白的記載著。

雖然還是個小職員，洛克斐勒的行善天賦和經商才能一樣突出，這也證明他極端矛盾的個性，既感受到一張四千美元支票的衝擊，又對一八五五年一本名爲《故勞倫斯日記和書信精華》（*Extracts from the Diary and Correspondence of the Late Amos Lawrence*）的書著迷。勞倫斯是新英格蘭一個富有的紡織業者，他曾經有計畫的捐了十萬美元以上的善款。洛克斐勒深深被他的信感動，而洛克斐勒後來喜歡給人新鈔，也可能受到勞倫斯的影響。洛克斐勒認爲金錢不管在道德或世俗層面上都可以贏得尊敬，遠比豪宅華服更令他興奮。

洛克斐勒在當助理簿記時，敏銳觀察港口周遭的商賈，發現他們行事低調、儘量避免炫富。洛克斐勒的穿著都維持貴格教派的穩重低調，不會炫耀華宅、遊艇，除了和他的浸信會教派信仰有關外，多少也受到他在人生起步階段曾詳細研究克里夫蘭富商簡樸的穿著之影響。

約翰．洛克斐勒在碰到棘手的家庭問題時，便向教會求助，他在宗教信仰和做生意上都有一種使命感，「基督教」和「資本主義」是他一生中的兩大支柱。洛克斐勒堅定不移的篤信簡單的宗教，當正統的宗教信仰受到挑戰時，他仍虔誠遵守著童年的堅定信念。鑒於父親的恣意妄爲，年輕職員時的洛克斐勒，對譴責罪惡就不遺餘力，並時常談他自己的救贖，以及浸信會教義的神髓，例如：道德重整。一直以來，浸信會教派的信仰就幫他控制被視爲禁忌的情緒，並遏止他體內遺傳自父親的叛逆天性。在經歷童年的顛沛流離生活後，約翰渴望能在一所教會找到根，以替代其家庭，從而不必去面對眞正的家可恥的過去。

約翰上的是一家破落的「伊利街浸信會布道教會」，這所教會給他所渴望的社區朋友，以及所需要的尊重和關懷。一八五四年秋天，約翰受洗皈依，成爲教會的一員，他深深以「在布道教會成長」爲傲。儘管他仍有世俗化的野心，卻從未取巧走捷徑，像加入有錢的教區或高級教派，以贏得社會上的功名利祿。他喜歡伊利街教會的平等作風，它也給他機會和「處境最卑微低下的人」認識交往。浸信教會的核心教義是各教區可以自治獨立，而布道教會由於並非由社會上有權有勢的家族控制，更是所有教會中最民主的。伊利街教會會衆以水手、店員、鐵路列車長、工廠工人、小職員、工匠及其他草根民衆居多。即使後來改建成較高級的「歐幾里得街浸信教會」（Euclid Avenue Baptist Church），其會衆還是比較平民化，沒走貴族路線。

約翰不只去做禮拜，他還在教會做工，才十多歲時，已經是主日學的老師、理事及義工，所有理事會的記錄工作都由他負責。他沒有虛飾的傲氣，而以做卑微的工作爲樂。有時他自告奮勇去做管理員，打掃小教堂，擦洗窗戶、塡補牆上燭臺的蠟燭，或給角落的火爐添加燃料生火。每逢星期天，約翰負責敲鐘提醒民衆上教堂，「升火」之後當大家做完禮拜，爲了節省再把所有的蠟燭捻熄，只留一根。他指示別人「節約應爲所當爲，不是被迫而爲」。他也叫會衆穿做禮拜的衣服去上班，以證明深以信奉基督教爲傲。除每週五晚上的禱告會，每星期天上教堂兩次，他跪下來帶領會衆禱告。他的成熟男中音，因在教會中的唱詩訓練而更優美，他心中充滿喜悅，低沉的唱出聖詩。

在充斥誘惑的世界，約翰力圖隔絕。由於福音教派不跳舞、打牌和看戲，約翰的私生活侷限於教會社交和野餐郊遊上，他和教友玩捉迷藏和天眞無邪的遊戲。雖然約翰相當保守，但在教會仍發展出開朗快活的習性，且終生不渝，他對教友做完禮拜就走深感困擾。約翰喜歡握會衆的手，有沐浴在家庭溫暖光輝中的感覺，他更覺得握手「代表伸出友誼的手給那些不知道上帝需要他們的人，這才能吸引更多人到教會。早年對握手的感覺一直跟著我，我這輩子都樂在其中，因爲握手似乎在說『我是你的朋友』」。

洛克斐勒對商界帶有高度優越感的做法不表苟同，更無法忍受宗教出現這種「恩賜」的態度。由於布道小教會在財力上不能自給自足，約翰和教會其他理事必須接受母教會由上而下恩賜的建言。雖然約翰宗教信仰堅定，他多半時候是在推動教會的俗務，他認爲教會應該像做生意一樣的有條不紊的經營。當一個教會的執事所抵押的兩千美元貸款逾期未付息時，他很快出面捍衛教會的償債能力。

一個星期天，牧師在講壇上宣布：債權人揚言，將取消教會贖回抵押品的權利，他們得立即籌到兩千美元才能過關。就在受到驚嚇的會衆列隊魚貫走出教會時，約翰站在門口，強制將人留下，一一詢問能捐多少錢給教會。他懇求、催逼，甚至恫嚇威脅，而且將每個人所承諾的，將名字和金額登記在小本子裡，再繼續向每個可能出錢的人募款。在約翰早年生活中，沒有比這一事件更能預見他日後堅定不移追尋商業目標的信念。他坦承「這個計畫使我著迷，我傾囊相助，而我第一次想賺錢的企圖心就是被這次及其他我經常投入的志業所引燃。」幾個月後，他果然籌足兩千美元救了教會。就在二十歲那年，約翰已經成爲教會的第二號人物，僅次於牧師。

約翰大部分是受鄉下教育，鮮少機會接觸大都會文化，他滿腦子都是浸信會教派教義中的戒律和用典。終其一生，他常從基督教擷取生活上實用的教義，並引宗教作爲處理俗事的指南，約翰覺得大部分教義鼓勵他多賺錢，他也接受教會和商界有時不太安定的共生關係。他認爲他的事業得自宗教恩賜的信念從沒動搖過，他甚至說「上帝賜我財富」，他找到無數聖經典故支撐此論點，他常在教主日學時講述「凡是本業中努力耕耘者，將站在上帝面前」這段經文。他也常提及奉行服務的原則，重點在「有錢人只是上帝的工具」，上帝暫時把錢託他管理，約翰則用來行善。雖然他在近八十歲時才說「看來似乎我特別得到恩寵，並因上帝知道我會把所有錢悉數奉還，則加碼給我」，但如上文提過的，他在十來歲時，已在行善散財，所以，約翰深信，他早年承諾行善，給他一些精神上的支持，他就可以盡力、甚至毫無原則的追求財富。

如韋伯（Max Weber）所言，早期遁世修行的基督教是立志經商者絕佳的溫床。以捐出十分之一收入給教會的「十一稅」爲例，它給任何有雄心大志的資本家注入儉樸自制、精打細算、量入爲出等習慣。約翰．洛克斐勒具體實現了最純正的新教工作倫理，和韋伯所提的經典立論若合符節，韋伯的理論特別適用於洛克斐勒。韋伯指出，清教徒已經產生一種認可世俗活動的宗教，並以賺錢爲「人生的最終目的」。他們以理性的方式向企業界傳布，由於財富是未來能獲得救贖的指標，上帝的選民便特別賣力，爭取上帝的恩典，就連那些坐擁巨富者也繼續打拚，爲天國的榮耀而工作，並非個人的利慾薰心。由於教會不鼓勵貪婪，只用錢來服侍神，這便賦予爭逐財富的正當性，可以全力從事獲利的生產事業。一個人一旦聽到神的召喚，就應該毫無保留的全力奉獻，而所獲得的錢財也被視爲得到神的恩寵之明證。

一個虔誠的清教徒雖然唯利是圖，但須克制貪欲，有錢人必須克己復禮。浸信會教派培養一種理性的人生觀，和資本主義社會步步高陞的特質相符。洛克斐勒深信自己有賺錢的天賦，應開發這方面的潛能，同時也獲得上帝寬厚的回報，這一切都未違背浸信會教派教義。所以，洛克斐勒認爲，宗教不但不是發揮雄圖的障礙，反而是一種激勵，而他十多歲時美國的經濟環境使其宗教信仰更堅定。

一八五七年，當洛克斐勒還在修伊和塔托公司時，美國陷入經濟大蕭條，五千家企業倒閉、數十萬人失業，一八五〇年代生氣勃勃、積極投入工作的熱潮頓時戲劇化的熄滅。很多福音派基督徒詮釋景氣衰退是上帝對一個散漫不檢、墮落放蕩的世俗化社會的一種懲罰，他們希望能從中獲取良好的教訓，同時把一切壓縮到更清醒健全的狀態。這種自我鞭笞的氣氛促成宗教信仰的強化，稱爲「商人的再生」（Businessmen's Revival）。一八五七年，很多大都會的商人聚在一起開午餐會報，公開宣誓戒除菸酒等不良嗜好。在這一波普遍的懺悔聲中，福音派教會一下子吸收了數以萬計的新教友。企業界從樂觀轉趨憂鬱的劇變，反映在宗教界從犯罪到救贖的心路歷程，這也強化了洛克斐勒這個初出茅廬的商人與生俱來的保守主義，也激揚起他早已根深柢固的浸信會信仰。

一八五七年的經濟恐慌重創美國人民，但比爾那年巡迴各地的行醫收入卻還不錯，足以支撐兩個家庭。也就在該年，比爾決定在克里夫蘭市中心奇希爾街

（Cheshire Street）爲家人蓋一棟堅固的磚房，作爲與家人分手的禮物，以免良心不安。比爾教約翰要自力更生，給約翰錢，並告訴他理想中的房子及其他所有細節。約翰自己畫藍圖，找建材和包商，把房子蓋好。比爾還算有點良心，訓練約翰自力更生並足以擔負起家計。

約翰對監工相當自豪，當時十八歲的他將此事做得很好，而他當時在修伊和塔托公司已經是個大忙人了呢！約翰將蓋房子看成是一生中最浩大的工程，他找了八家工程包商競標，挑出最低價投標者。他仔細檢查藍圖、洽談契約、敲定價錢，十分縝密的檢查包商，議價時擊敗對方，包工最後還賠了錢。所以，約翰順利通過父親比爾對他的考驗。

洛克斐勒一家人在克里夫蘭再度安頓下來，這時約翰已代理父親成爲一家之主。比爾背棄家庭的時候，正是約翰要開始賺取有史以來最大一筆財富之際。一八五八年六月一日，約翰的外公過世，艾莉莎繼任校長，繼續領養老金到一八六五年。那時約翰的弟弟威廉也到修伊和塔托公司上班，在約翰下面當簿記，由於有兩份薪水，加上比爾偶爾接濟，艾莉莎已可自行打點過日子。她特別倚重老大約翰，而這個年輕人似乎無所不能、穩定可靠。艾莉莎此時已四十五歲左右，看起來是個拘謹、憂鬱、削瘦的女人，對這樣一個以家庭爲重的十九世紀婦女，根本不可能離婚，而她和這個年輕英俊的江湖術士一段愚昧的感情，也使得她早就形同守寡。這段不幸的婚姻使艾莉莎和長子約翰，一生中都不信任變幻莫測的人和倉卒的舉動。

洛克斐勒年紀雖輕，但很快覺得自己的薪水太低了，當塔托於一八五七年一月辭職時，他立刻升爲簿記長，十七歲的洛克斐勒已經代理離職合夥人所留下的一切工作。作爲合夥人的塔托年薪兩千美元，而洛克斐勒卻只賺五百美元，雖然修伊在一八五八年給洛克斐勒加薪到六百美元，但還是差太多了，不滿意的洛克斐勒決定自立門戶做老闆。

約翰·洛克斐勒並不是對薪水不滿就立即離職，而是等美國經濟從一八五七年不景氣中復甦後才決定採取行動。一八五八年初，他和修伊爲加薪起爭執，正好他結識二十八歲的年輕英國人莫里斯·克拉克（Maurice B. Clark）。克拉克在街尾的一家農產品公司上班，兩人既是佛桑商業學院的校友，又是鄰居，克拉克建議他們合組公司買賣穀物。兩人各出資兩千美元，再加上一些借來的錢，在一八五八年四月一日，於河街（River Street）三十二號創立克拉克和洛克斐勒合夥企業。那年洛克斐勒十八歲，第一天上班回家後，他雙膝跪地，祈求上蒼保佑他的企業。

由於克拉克想改善公司的資本結構，一八五九年四月一日邀請賈德納（George W. Gardner）入夥。賈德納是克里夫蘭名門之後，他後來當上克里夫蘭市長和帆船協會會長。他入夥後，洛克斐勒就被從公司合夥人中除名，新公司取名「克拉克與賈德納公司」（Clark, Gardner and Company），希望藉由賈德納的名號可吸引更多客戶。洛克斐勒佯裝心平氣和接受無端降級，實則這次沉重的打擊讓他刻骨銘心。由於洛克斐勒是虔誠的清教徒，做事一絲不苟，像個道德督察，看不起克拉克和賈德納悠哉悠哉、玩世不恭的態度，而他倆也對辦公室這個殺風景的小伙子愛恨交加。洛克斐勒衣履光鮮、穿戴整齊，每天都是第一個到辦公室，最後一個走。

在自然分工下，克拉克負責採買行銷，洛克斐勒負責管帳。洛克斐勒從一開始，就經常與「傲慢」及「貪婪」這兩大惡魔角力，當一名銀行行員拒絕給他一筆貸款時，他怒斥道「你們等著瞧，有朝一日，我會成爲世界首富」。他不斷提醒自己，要牢記母親艾莉莎常掛在嘴上的諺語，像「驕兵必敗」這種精神上的自我惕勵，隨著財富增加而提升。晚上入睡前，他常警告自己「不要因已經起步，就以企業家自居，否則你會暈頭轉向，不知所措，要走穩了。更不要因爲有幾個錢就不可一世，要張大眼睛，可別把持不住，心猿意馬。」洛克斐勒這種偏愛金玉良言的作風，應該來自教會，再因他每晚自我傳道而更加堅固。

洛克斐勒堅守基督徒生活，對他商場得意也很有關係，因爲他深得鎮上老人家的歡心。到「克拉克與賈德納公司」上班的第一年，他請人管帳，自己到各地招攬生意，走遍俄亥俄州和印第安那州。洛克斐勒是個辯才無礙、很有說服力的推銷員，但他從不鹵莽輕率的向競爭對手搶客戶，而是客氣的介紹公司提供的重點服務項目。走進一家辦公室，遞上名片，告訴對方他無意冒犯，但他有一套自己深信不疑的計畫，相信對對方也很有幫助，他並不期望對方立刻下決定，只希望對方三思，他會再與對方聯繫。結果訂單如雪片飛來，讓他幾乎來不及處理。洛克斐勒發現老一輩的人立刻對他產生信心，留在一個地區幾星期後，就打道回府，而訂貨的單子源源不斷、生意蒸蒸日上。

約翰·洛克斐勒善於處理人際關係，不是傳說中的冷漠、脾氣暴躁又彆扭，但他的確十分執拗剛毅，究竟此作風討不討人喜歡見仁見智。儘管洛克斐勒和一般人一樣不信任銀行家，但他能飛黃騰達，仍得力於他們的幫助。在洛克斐勒創業時，銀行體制疲弱分裂，很多座落於大街兩旁的銀行資本很少，根本無法取信於人，連洛克斐勒的公司都寧可把多餘的錢鎖在保險箱裡。洛克斐勒第一筆向家族以外的人取得的貸款，來自一位和藹可親的老銀行家韓迪（Truman P. Handy），同意洛克斐勒以倉庫當抵押品。在取得兩千美元貸款後，約翰幾乎飄飄欲仙的走下人行道，心中自忖：「想想看，居然有銀行家肯借我兩千美元，我眞是個社會上有頭有臉的人物呢！」韓迪要洛克斐勒發誓，絕不會拿這兩千美元去做投機生意，年輕的約翰也已感受到贏得克里夫蘭財金界第一位有影響力大老的信任。生性嚴肅體面的銀行總裁韓迪，原是一所主日學校的督察，他曾向修伊打聽洛克斐勒的個性和習慣。洛克斐勒的信用評等完全由他的優秀人品決定，而身爲「伊利街浸信會布道教會」臺柱，也使洛克斐勒在銀行界風評不錯。從洛克斐勒第一次得到銀行貸款，可證明基督教和資本主義在他早期創業期間息息相關。

洛克斐勒晚年以不願借錢給人聞名，但當他需向銀行貸款時，卻是一流高手。如果他想借五千美元，他會先在城裡放話說，他想投資一萬美元，這類消息不只證明他的企業信用穩如磐石，也使銀行方面有更多誘因供給他錢。美國南北戰爭期間，洛克斐勒需錢孔急，商品業正好大發戰爭財，身爲克里夫蘭一家農產品公司的合夥人，洛克斐勒已就戰略位置，準備從戰爭中大撈一筆。在十九世紀，洛克斐勒的事業幾乎和美國企業史同步進展。

南北戰爭中發跡

美國的南北戰爭可以說是洛克斐勒發戰爭財的契機，他強烈支持北方各州，力主廢除奴隸制度。這個觀點在克里夫蘭十分盛行，而克里夫蘭是伊利湖一個大港，除有地利之便外，政治環境健全，也是反對奴隸制度者幫黑奴逃到加拿大的一個要站。很多人從洛克斐勒辦公室幾條街外偷偷上船，當緝拿黑奴的「獵人」進城時，主張廢除奴隸制度者就湧向在公共廣場的史東教堂（Stone Church）並敲鐘警告鎮民。一八六〇年，洛克斐勒第一次有投票權就將票投給林肯；他在戰爭前夕參加幾次會議，會中撻伐黑奴制度的聲音響徹雲霄。福音派基督徒尤其反對奴隸制度，他們痛批奴隸制度和天主教狼狽爲奸，北方的浸信會教派熱烈歡迎黑人牧師和講師，他們都鼓吹廢除奴隸制度。

洛克斐勒由於必須經營事業、養家而未從軍，當時二十一歲的他已像個中年父親，必須維持一家六口生計。不過，洛克斐勒花了三百美元僱一名充員兵，還供養了一小支部隊。到一八六四年，洛克斐勒除了捐錢給一般戰爭慈善機構外，每年還捐三百美元給充員兵及其家屬。洛克斐勒的弟弟威廉也設法免於從軍，繼續上班，而其么弟法蘭克當時還不到十六歲，卻虛報十八歲得以上戰場實現夢想，但最後身心都受重創，且與約翰產生衝突。

南北戰爭使美國北方各州的經濟發展加速，並爲戰後的工業成就鋪路。隨著機械化對原料需求激增，不但工業產能倍增，鐵路和電報、煤礦及鐵工廠等基礎建設也急速擴建。以縫紉機爲士兵縫製衣服，利用收割機來收成穀物以餵飽他們。隨著南北雙方快速的從一個戰場運送大量軍隊到另一個戰場，鐵路網必須隨之現代化和擴建。爲了鼓勵進一步發展，聯邦政府開始放領公地，而十多家鐵路公司擁有一億五千八百萬公畝的遼闊土地。此種急速混亂的成長對洛克斐勒的事業扮演重要角色，因爲鐵路快速成長，使他因業者互相競爭而享有優惠折扣。

戰爭對心理的衝擊也很大，因它提供了一個空前的商機，從官方的契約所賺取的暴利，造成紙醉金迷，且持續到戰後仍未退燒。南北戰爭不只創造新財富，也打開無數人難以饜足的胃口。農家子弟從軍後，不只目睹都市的五光十色，也看到各種奢侈品琳琅滿目，消費欲望被撩起，連無數未參與軍旅者，在南北戰爭期間也廢耕棄農、背井離鄉，湧向人口密集兵工廠林立的地區。

由於後勤因素，南北戰爭提升了克里夫蘭的戰略地位，當戰爭切斷密西西比河貨運通路時，穿過這條河的東西路線及大湖區相對的成爲交通要衝。雖然洛克斐勒和他的公司並未取得利潤豐厚的政府契約，卻因巨幅通貨膨脹和一般商業趁勢興起而獲利。他們從事代理行銷食品和農作機具，到一八六二年，他們每年已可獲利一萬七千美元，是戰前那年的四倍。該年底，洛克斐勒把賈德納趕出公司，以「克拉克暨洛克斐勒公司」掛牌，繼續經營農產品生意，公司已膨脹到占有河街四個門號，證明事業的成功，當時的洛克斐勒只有二十多歲，卻已成爲巨富。

洛克斐勒利用已有的資金投入賓州西北角一門正蓬勃發展的新興工業，那就是石油產業。雖然洛克斐勒大發戰爭財，但和即將從泰塔斯鎮（Titusville）油井大量湧出的石油獲利相比，這筆戰爭財實在是小之又小！

第三章　一生事業成就的開始

一八六五年二月，洛克斐勒和克拉克在俄亥俄州克里夫蘭市這一家生意興隆的煉油公司，爲了業務擴張的事吵了起來，保守謹慎的克拉克威脅說要解散公司，而洛克斐勒竟然同意了。兩人決定就在辦公室裡舉行兩個人的私人拍賣會，出價高的獨得公司。起價五百美元，沒多久克拉克就喊到七萬二，而洛克斐勒則平靜地加到七萬二千五。克拉克兩手一攤說：「我不能再加了，公司是你的了。」五十年之後，洛克斐勒說：「我總是把這一天視爲我一生事業成就的開始。」

早在德瑞克（Edwin Drake）上校於一八五七年十二月在賓州西部挖出石油前，石油已經從地下泉滲流到油溪（Oil Creek）一帶。起初民間用石油來作爲治療頭疼、牙疼、耳聾、風溼、水腫、外傷等雜症的藥，據說最先是由印第安酋長紅外套（Red Jacket）傳授給白人的。一八五三年，紐約律師比塞（George Biscell）得知這汙黑的流體易燃，靈機一動，想到將藥用的石油用來照明，也許能助他脫離窮境，使荷包充實，此直覺讓他走入往後六年遭受失望磨練的辛苦時光。比塞招來一群對石油用來照明有興趣者共同投資，在一八五四年聘請聲望卓著的耶魯大學化學教授席里曼（Benjamin Siliman, Jr.）做研究。席里曼是美國著名化學家之子，雖然聲望高，但薪水不敷所需，故在校外兼職接研究計畫掙錢，接下比塞委託的計畫。當他著手解析石油時，就向客戶表示，他們的期望不會落空。過了三個月，研究工作將結束，他在報告中興奮的說：「石油蒸餾的物質，完全符合你們所預期的價值。」但因委託人付不了款項，席里曼大為光火，聲明收不到錢就暫停研究工作，他把研究報告暫放友人家保管，自己南下旅遊去了。結果投資合夥人好不容易籌足錢，才拿到那份一八五五年四月十六日寫成的報告。

該份報告的價碼高得嚇人，付錢者卻真的如獲至寶，因為該報告是「建立石油業的轉捩點」。席里曼把有關石油潛在用途的疑問全部排除，並指出在不同沸點下石油可蒸餾出多種碳和氫的成分，其中有一種是極高品質的照明油料。報告上寫著：「有充足證據可使諸位相信，貴公司擁有一種可以藉由簡單而不昂貴的程序，便可能製出極高價值產品的原料。」同時，在賓主關係獲圓滿解決改善後，席里曼表示樂意接下進一步的研究計畫。有了席里曼報告這個最佳廣告，比塞等投資老闆不愁籌不到資金，而席里曼本人認了二百股，更增添了「賓州石油公司」的號召力。

至此，大家都已知道可從石油中提煉出照明油了，接下來的問題是：有沒有那麼多的石油可採？有人說石油只是地下煤層滲出來的物質。總之，必須先證實有著充裕而可開採的油藏，才能談商業利益。

比塞創業時的大環境是，把石油煉成煤油的技術有了，價格便宜的煤油燈也發明了。比塞和賓州石油公司同仁要做的是：找出新的原料供應來源，以便建立長期化、規模化的作業。他們的目標是：把價格拉低。如果能發現豐富的油藏，就可低價出售，奪取當時價格較高或品質較劣的其他油品市場。只靠挖油是不行的，一千五百多年前，中國人已開發出鹽井的鑽鑿技術，鑽的井可深達九百餘公尺，該技術在一八三〇年前後傳到歐洲。一八五六年，比塞在紐約爲如何組合事業傷腦筋，某個大熱天，他爲了躲避毒辣太陽，站到百老匯一家藥房門口涼篷下，看到一種專利藥品的廣告，該藥品是從石油提煉的。廣告裡有些鑽鑿鹽井的機器，石油只是鑽鹽的副產品，這個湊巧的發現，補足了比塞計畫的最後空白。

比塞和賓州石油公司同仁要把鑽鹽的技術直接搬過來，用這種鑽的方式採油。不只他們想這麼做，美國其他地方和加拿大安大略都有人在試驗，但比塞他們已靠席里曼的報告募到資金，是眞的要行動了。問題是：該找什麼人來負責這瘋狂計畫？

德瑞克上校出馬

在湊巧之下，德瑞克上校中選了。其實，德瑞克這個人並無特殊條件，他混過很多行業，當過列車長，因爲身體不適而與女兒同住在紐海芬唐丁旅館。比塞的夥伴銀行家唐善德（James Townsend）恰巧也住在那裡。該家旅館是大家交換新聞扯淡的地方，好交朋友、愛吹牛的德瑞克在那裡眞是如魚得水。他時常和唐善德談石油投資，唐善德說服他買下一點股份，並且拉他入夥。德瑞克當時無事可做，又以鐵路車長身分休假，可免費搭火車到處走，對於資金緊迫的公司是一大便利，而德瑞克又具做事有始有終這個長處。

唐善德派德瑞克去賓州泰塔斯鎮（Titusville），在德瑞克到達前，他先寄了幾封「德瑞克上校大啓」的信過去，爲德瑞克在這個偏僻的地方造勢。德瑞克當然不是什麼上校，不過，他在一八五七年十二月乘坐兩星期一班的郵驛馬車抵達賓州西北部這個人口僅一百二十五人的貧窮小村時，受到了熱忱禮遇。這個小村生產木材，村民都欠了木材公司一大堆錢，大家都認爲等周遭山區的林木砍伐完，村子也就完了。

德瑞克將一片農地定名爲未來油田的第一件任務完成後，便折返紐海芬，等著要辦「鑽油」這件事，他認爲用鑽鹽井的方法在那裡可以採到大量的油，而且決定由他自己來鑽，但是沒有人同意，都說石油是蘊藏在大片煤田裡的東西。但德瑞克並不動搖，一八五八年春天他又回到泰塔斯鎮工作，而投資人成立了新的塞尼卡石油公司（Seneca Oil Company），由德瑞克任總經理。

新公司的總部在距離泰塔斯鎮三公里的油溪畔農地，農地中有油源，用傳統方法採油，每天可收集三至六加侖的油。過了幾個月，德瑞克寫信給唐善德，表示他確信以鑽井的方式做最省錢，並請唐善德立刻匯錢。唐善德匯了一千美元後，德瑞克僱了鑽井工人。起初僱的工人不是不見人影就是半途求去，因爲他們私下都認爲德瑞克是瘋子。一八五九年春天，德瑞克終於找到了理想的鑽井工人——威廉·史密斯和他的兩個兒子。

史密斯是內行人，自己製作鑿井工具並建了鑽井架、安裝設備。估計要打的深度是一、兩百公尺，工作進度緩慢，於是紐海芬的投資老闆逐漸不耐煩，最後只剩下唐善德還有信心，錢用完時，他就自掏腰包。末了他也失望了，就寄了張匯票讓德瑞克把帳給結清，將工作結束回紐海芬，當時已是一八五九年快八月底了。

八月二十七日下午，德瑞克尚未收到信，井已打到二十三公尺深，鑽子掉進一道岩縫，又滑下十五公分深，就此停工了。第二天是星期天，史密斯來看井，發現管子裡有黑色流體浮在水面上，他汲取這層液體來檢測，立即欣喜若狂。星期一德瑞克來到工地，發現史密斯父子守著盛滿石油的各式各樣瓶瓶罐罐。德瑞克接上一具手拉幫浦，眞的就像抽水般的抽起油來。當天德瑞克收到唐善德的信，如果是在一星期前他會依信上的話照辦，現在當然是不同了，因爲他鑽到油了。油溪一帶的農人都湧入泰塔斯鎭歡呼：「北方佬挖到油」。消息一傳出，立即引來買地採油的人潮，小小泰塔斯鎭的人口一夕暴增，地價也即刻飛漲。不過，油是鑽到了，卻不擔保財源滾滾，因爲新問題產生了。

德瑞克和史密斯找不到儲油的容器，瓶子、罐子用光了，就製造大木桶來盛油。一天晚上，燈火引燃石油氣，整個石油區爆炸起火。由於鄰近地方也開鑽了其他油井，一時之間石油供應量遠遠超出需求，油價大跌。如今石油是不缺了，缺的是大木桶，不久，桶價竟漲到油價近兩倍。

比塞急忙趕赴泰塔斯鎮，在油溪附近瘋狂租地、買地，花了十餘萬美元。他後來的確變得極爲富有，並獲得石油企業之父的尊稱。至於曾擔負財務風險的唐善德，卻沒得到他自認應得的名聲和榮耀。他說：「整個計畫是我提出的，執行的是我的意見……籌錢、寄錢的都是我。我不是妄自尊大，實話實說，要是我沒有做那些我爲開發石油所做的事，石油不會在那時候開發出來。」而德瑞克一切都不順利，他先從事石油採買，之後到華爾街從事石油證券，到一八六六年已賠光所有財產，人也病倒，窮到向朋友乞討，後來賓州政府給了他一份小額終身俸，酬庸其貢獻。

石油的狂熱、洛克斐勒的登場

德瑞克鑽井成功後，引來一股新淘金熱。十五個月後，約有七十五口油井在生產石油，泰塔斯鎮成了熱衷投機者聚會地，大家談的是油權的價格、油田買賣、油井的深度、外觀、產量，而傳來傳去的故事又引來更多人。油溪下游流入阿利根尼河的地方，一個原名玉米農（Cornplanter）的小鎮改名爲石油市，與泰塔斯鎮一併成爲「石油區」重鎮。煉煤油的設備造價便宜，一八六〇年間，石油區至少有十五座在運作，匹茲堡也有五座。瀝青煉油業者目睹此景況，紛紛轉至石油煉油業。當時的油井都是抽汲式的，產量有限，一八六一年四月鑽到第一口溢油井，產量急增至每天三千桶。這口井出的油衝到空中，釋出的油氣被引燃，產生爆炸，大火燒死十九人，延燒三天。同一星期內，南方開了南北戰爭的第一砲，而石油爆炸正好在此時宣布這個新興產業的供源有多麼豐富。

內戰不但沒影響石油區的繁榮，反成石油再發展的重要助力。戰爭結束後，成千上萬流離失所的退役軍士湧至石油區討生活，數以百計的新石油公司成立，紐約的金融區快要沒有地方給新公司設辦公室了。股票銷售極快，華府也參與這股風潮，許多國會議員都投入石油業，後來當上美國第二十任總統的加菲爾德（James Garfield）眾議員就是一個顯例。一八六五年二月，一個最重要的人物也登場了，他就是洛克斐勒。

當年二十五歲的洛克斐勒和克拉克兄弟攤牌，隻身投入石油業打天下。在決定大規模投入這一行之前，他要靠上天賜予最後的證明，證明石油不致消失，最關鍵的證據一八六五年在「坑洞溪」（Pithole Creek）出現。當地附近的岩石和裂隙中經常噴出硫氣而吸引石油業者注意，有一天，一群行色怪異的業者拿著一枝北美金縷梅細枝當成探測用的小杖，在樹枝浸下去的地方鑽探。幾天後，當大量油氣噴出，立即引來另一波石油業狂潮，在短短幾個月內，一個暮氣沉沉、原本只有四間小木屋的邊陲小鎮，搖身一變成為一個人口一萬兩千人的繁忙市鎮，一夕之間開了五十家旅館，還有一家有一百人座位的戲院，點著水晶枝形的吊燈，簡直像變魔術般，有如海市蜃樓般的虛幻不實。一八六五年一月，又有很多油坑尚未被人發現的傳聞，洛克斐勒於是篤定石油不會消失，決心進軍石油業，乃果決斬斷和克拉克兄弟合夥，邀山姆．安德魯（Samuel Andrews）從事石油業。

這時南北戰爭也快結束了，一八六四年十二月，聯邦部隊揮軍北返，穿越南北卡羅萊納州，就在洛克斐勒進入石油業後約兩個月，南軍統帥李將軍在阿波麥托克斯法院（Appomattox Courthouse）向聯邦軍總司令格蘭特（Ulysses S. Grant）將軍棄械投降。之後林肯總統遇刺，四月二十七日，喪禮的火車載運他的靈柩到一個特別悼念他的亭中供人瞻仰數小時，婦女都穿雪白衣服、沿鐵軌兩旁唱安魂曲，向這位遇刺總統致敬。當時「洛克斐勒和安德魯公司」位於蘇必略街（Superior Street）一棟名爲「塞斯頓大廈」（Sexton Block）的紅磚辦公大樓二樓，從這個新的指揮中樞，這位年輕企業家眺望窗外，看著駁船緩緩駛過，滿載從他的煉油廠所提煉的一桶桶油。

當時的洛克斐勒已是個成熟老練的生意人，安德魯只負責技術方面事宜，其他方面都由他一手包辦。在甩掉幾個比較年長的合夥人後，少年得志的洛克斐勒並沒有眞正的商業導師、英雄或角色典範，他也不需要再靠任何人。他不只白手起家、創業成功，並已對自己的判斷充滿信心。

事業有成的年輕企業家洛克斐勒雖在私生活方面耽擱下來，但他對自己的理想對象了然於胸，必須是個信仰虔誠、充滿愛心、全心奉獻給教會及強力支持他的事業的女人。由於他和母親的關係自然親近，他和女人相處融洽，樂於和她們為伍，不像他粗魯無禮的父親，他也很尊重女人。上中央高中時，洛克斐勒認識聰慧又有學養的兩姊妹露西（Lucy）和羅拉·史波曼（Laura Spelman），他特別喜歡羅拉，別人都叫她「西蒂」（Cettie）。

洛克斐勒和羅拉一定很早就發現彼此志同道合，在宗教信仰上尤其如此。羅拉對藝術、文化和社會多所涉獵，每天彈三小時琴，還經常陪洛克斐勒演出二重奏，她尤其喜歡文學和詩詞歌賦，是個妙語如珠十分健談的人。羅拉小洛克斐勒一歲，一八五九年秋天，羅拉在克里夫蘭一所公立學校教書，並當校長的助理。羅拉不諱言因她家經濟拮据，必須工作賺錢。一八六〇年代初，羅拉對工作相當滿意，不急著嫁人，而洛克斐勒一本足以擊敗無數虎視眈眈情敵的持久耐力和毅力在旁苦等。一八六二年，洛克斐勒生意興隆，越來越有錢，鼓起勇氣熱切地向羅拉展開追求，下課時常出現在她學校接她回家。當羅拉一家搬到克里夫蘭市中心新家時，約翰·洛克斐勒常穿著馬靴，上面沾滿他那家新煉油廠的油汙，順道拜訪，並帶羅拉（西蒂）坐馬車出去兜風，跟她講生意上的點點滴滴，羅拉聽得津津有味。儘管羅拉時常顯得若即若離，洛克斐勒仍持續緊追不捨。

一八六四年初，當煉油廠開始出現盈餘後，洛克斐勒已經是克里夫蘭的有錢人，身穿禮服大衣及條紋長褲，頭戴絲質大禮帽。洛克斐勒是個英俊瀟灑的年輕人，有著又直又挺的鼻子、不苟言笑的嘴和有點憂慼的面容；他的鬍鬚長成毛茸茸的絡腮鬍，頭髮已從太陽穴往後禿；眼神堅定澄澈，充滿自信的掃描各種商機。該年三月，洛克斐勒擔心夜長夢多，決定攤牌，有一天去找羅拉，一本正經的向她求婚，就像在進行一場生意交易般，而羅拉也同樣一本正經的接受。洛克斐勒花了令人咋舌的一百一十八美元買了一枚訂婚鑽戒，好似向史波曼家人傳達這樣的訊息：他不再是個涉世未深、初出茅廬的鄉下小伙子，而是個事業蒸蒸日上的商人，可以他們習慣的方式支撐他們。

訂婚六個月後，一八六四年九月八日，在謝爾曼將軍攻入亞特蘭大之後，當時二十五歲的洛克斐勒和二十四歲的羅拉，在史波曼位於休倫街家的客廳結婚。那是一場小型私人婚禮，只有雙方親屬參加，祕密舉行，連克里夫蘭的報紙都沒登載，這對在社會上有頭有臉的史波曼頗不尋常，原因可能是約翰的父親比爾不能參加，恐怕會引起眾人好奇，故而低調祕密舉行。在訂婚買昂貴鑽戒證明金錢實力後，洛克斐勒又回復儉約本性，只花十五點七五美元買結婚戒指，這在B帳本「雜項支出」類別如數記載。

洛克斐勒連結婚那天早上也沒放下日常工作，先到市中心的辦公室，再到煉油廠的桶鋪，他爲二十六位員工安排了一項特殊的午宴，但未透露慶祝什麼。當喜氣洋洋的新郎出發去參加婚禮時，只告訴工頭要善待那些員工，但也要他們好好做事。洛克斐勒安排了整整一個月的蜜月，從一八六四年九月八日到十月八日，從尼加拉大瀑布開始，再到蒙特婁聖羅倫斯旅館和新罕布夏州華威頓山高峰之家各待一陣子。當打道回府時，兩人拜訪奧利雅德學院，並去探望蘇菲亞．派克（Sophia B. Packard）和哈莉葉．吉爾斯（Harriet E. Giles）兩位老師，他倆在洛克斐勒夫婦的未來扮演重要角色。

洛克斐勒結婚後半年內先和其母艾莉莎住在一起，之後再搬到同一條街一棟兩層樓的高雅紅磚房。雖然洛克斐勒當時已經營並部分擁有克里夫蘭最大的煉油廠——精美煉油廠（Excelsior Works），他和羅拉克勤克儉，未請傭人。洛克斐勒很珍惜早年那段簡樸的日子，還保留他們買的第一套碗盤，晚年還時常拿出來撫今追昔。至此，我們已知，到南北戰爭結束時，洛克斐勒已打好個人和事業生涯的基石，並準備利用戰後大好時機放手一搏。此後，洛克斐勒就未再做虛功或浪費任何精力，他一心一意鎖定目標，終於成爲美國企業界人人敬畏的傳奇人物。

戰爭結束後，二十六歲的洛克斐勒，儀容整齊、臉色蒼白，一頭金紅色頭髮和絡腮鬍，看起來已是個有頭有臉的人物。他才和安德魯組成新公司，就已經野心勃勃，決心擴建他的王國。一八六五年十二月，他和安德魯又建了第二家煉油廠——「標準煉油廠」（Standard Works），由他弟弟威廉擔任名義董事長，在紐約設立辦事處，直接對海外市場銷油。當克里夫蘭成爲頭號煉油中心時，精美煉油廠和標準煉油廠加起來，確立了洛克斐勒成爲當地首屈一指的煉油業者地位。

洛克斐勒是個完美主義者，絕不放過任何細節，他在煉油業白手起家，不自絕於過去或傳統做法，使他更易於創新。起先他付小桶匠二點五美元買白色橡木桶，在精打細算下，他以更便宜的價格製造了成千上萬個塗上藍漆的木桶。克里夫蘭其他桶匠購買及運送綠色木材到店裡，洛克斐勒則在樹林裡就地把橡木鋸成一段，在爐子上烘乾，以減輕重量，使運費減半。同時，他不斷擴展石油副產品的市場，除了煤油，還賣石油精、石蠟及凡士林。

約翰的弟弟威廉只小他一歲，兩人性格迥異，但兄弟倆相互扶持，是最親密的夥伴。威廉是商場新秀，和他哥哥同樣早熟，早年跟著約翰加入「修伊和塔托公司」當簿記後，當地一家麵粉業者就想挖角，最後跳槽到一家農產品代理商，在短短一年內成為合夥人，二十歲那年，他的年薪已有一千美元。對約翰來說，威廉是絕對可靠的，一八六五年九月威廉離開「修斯、戴維斯和洛克斐勒農產品公司」，加入約翰的煉油廠，「標準煉油廠」在一八六五年十二月創立時就是掛著「威廉洛克斐勒公司」的招牌。

當威廉到紐約後，發現「出口市場絕對可以影響油價」，每當賓州挖到油井的消息傳到紐約後，法國和德國的買主預期油價將下跌，於是便停買，以致在無形中可以決定最終價格。威廉在紐約的主要任務之一是知會該公司在油區的買主，萬一價格將劇跌，叫他們暫時減量買進原油。

威廉在紐約珍珠街（Pearl Street）一百八十一號設立一間簡樸辦公室，離華爾街很近，本想藉地利之便貸大款來落實他們的大計畫，但碰到似乎無法克服的問題。華爾街幾家大銀行寧可貸款給鐵路業者和政府機關，而不願貸給風險高未經考驗的煉油業，再加上冒著可能失火的高度風險和石油可能枯竭的陰影，只有一些大膽的銀行業者敢下注。同時，約翰對金錢永不饜足的胃口，早已不是克里夫蘭有限的資產可以填滿，迫使他擴大到紐約找錢，因爲這裡可用較低利率貸到錢。威廉被約翰指派到紐約大都會，到華爾街貸款是重要任務，而威廉的事業也從此和華爾街緊密糾結在一起。

約翰對金融業者極度不信任，他自稱從未向人借錢並保守理財，但在創業階段，卻無可避免的向銀行貸款，他表示「一開始，我們去找銀行，幾乎都要下跪，才能借到錢和貸款」。在和銀行打交道時，他時而謹慎、時而大膽，往往上床時還在擔心如何償付大筆款項，第二天醒來又打起精神，決定再去借更多錢。

南北戰爭時聯邦政府發行新的法定綠面紙幣，並成立一套全國銀行系統，寬鬆的提高信貸，不少人靠借來的錢致富，進而創造經濟繁榮假象。洛克斐勒是這個以信貸爲基礎的社會最典型的產物，他很聰明的爲自己打造明日之星的形象，獲得克里夫蘭銀行家的高度信任。洛克斐勒樂於履約但絕不搖尾乞憐，除了他廣爲人知足爲楷模的個性外，在浸信會教派企業主管中更是獨樹一幟，還有其他特性贏得銀行業者的絕對信任。他在陳述事實時一絲不苟、討論問題時絕不造假，而且永遠準時償付貸款，他也以一大堆現金爲後盾在市場上競爭。由於洛克斐勒借錢的功力高超，他在一八六六年成爲一家火險公司董事，在一八六八年又成爲俄亥俄州國家銀行董事。不過，他不屑出席銀行會議，後來還被迫退出一個董事會，但他的事業卻驚人的往前發展。這時的洛克斐勒年近三十，沒時間和守舊古板的董事周旋，更不喜歡社交上的繁文縟節。洛克斐勒雖然自信滿滿，仍然需要找個志同道合的人來分享其夢想，支持他的計畫，此人就是亨利．莫里森．佛拉格勒（Henry Morrison Flagler）。他比洛克斐勒大九歲，是個精力充沛、打扮入時、俊逸瀟灑慧黠的人物。一八六七年三月四日，「洛克斐勒與安德魯和佛拉格勒公司」成立，佛拉格勒正式成為合夥人，此後洛克斐勒逐步募集志趣相投又能幹的主管組成一支團隊。他們群策群力，將克里夫蘭的煉油業經營成為全球最大的石油企業。洛克斐勒和佛拉格勒對數字都很靈敏，對資產負債表也瞭若指掌，兩人都不以小有成就為滿足。洛克斐勒發現，佛拉格勒的熱忱幹勁是一帖興奮劑，不管碰到任何問題，佛拉格勒都會主動積極的解決，而這股充沛的精力，也促成他們的公司早年得以快速成長。

洛克斐勒和佛拉格勒數十年合作無間，不只背對背坐，還分攤很多工作，甚至還發展了一套共同寫信的風格，彼此來來回回傳遞草稿，做最細微的修正，直到完整表達他們的意思，不能再加隻字片語為止。佛拉格勒的文字技巧熟練，天生是草擬法律文件或嗅出合約中隱藏陷阱的高手，這對一家將不斷打官司的企業是一大優勢。他早年過著儉樸生活，每週工作六天，從不涉足酒吧或劇場，甚至指稱這些地方是魔鬼的聲色場所，他還當上第一長老教會會長。和洛克斐勒一樣，佛拉格勒也力主自律和不要志得意滿，他的倫理道德對洛克斐勒的事業產生重大影響，這表現在他所主導的不少和鐵路當局的談判上，而這也是標準石油公司史上爭議最大的唯一的一個問題。對洛克斐勒來說，佛拉格勒的出現是神的旨意，因爲石油業即將被投入空前的激流中，使他和鐵路運輸業的關係益形密切。

運輸業攸關石油業，主因在德瑞克上校在一個偏遠隔絕的地點挖到石油，一開始，鐵路根本不通，因而許多年只能任由搬運油桶出去的車夫所組成的運輸業者擺布，收費奇高。由於石油是一種比較便宜的規格化產品，運輸費用就成爲競爭力的重要因素，於是石油管線網的建立就自然出現，但有一段時間遭到運輸業者的破壞，以至於從運輸業者粗野無文的掌控，到由高效率的油管當道之間有段眞空期，當時鐵路就扮演重要角色，影響石油業發展的各個層面。起初想用平板車運送石油，但行駛時搖擺顚簸，使容器破裂石油外溢。南北戰爭後，這種危險的方法由架在平板車上一對松木桶所組成的原始油槽車取代，沒多久又被一個鐵油槽取代，從此這就成爲業界的標準規格。這種技術的進步，使鐵路可以加速運油穿越美洲大陸，並且大幅拓展石油產品市場。

初期的石油業者不費吹灰之力就日進斗金，以致煉油廠如雨後春筍般林立，形成六個相互競爭中心。克里夫蘭雖不如賓州有地近油井之便，但它是很多運輸網的輻輳中樞，在貨運上有很大的洽談空間。夏天那幾個月，守在克里夫蘭的洛克斐勒，可以走水陸運油，大幅提高他和鐵路議價的籌碼。他的公司能夠在湖泊和運河可以通航的季節，以比鐵路公司向業者開的價碼爲低的價格，在克里夫蘭裝運石油上船，並從水牛城取道伊利運河，送油到他們在紐約的倉庫。有了這個利器，洛克斐勒贏得十分優惠的鐵路運輸價格，且彌補了必須先運送石油到克里夫蘭才能送精煉的石油到大西洋岸的價差，加上鐵路可以通往芝加哥、聖路易和辛辛那提，克里夫蘭儼然成爲通往西岸市場的自然門戶。克里夫蘭的其他煉油業者也曾同樣精打細算，一八六六年底，當地已有五十家煉油廠，僅次於匹茲堡。

除了可接通伊利運河和伊利湖，克里夫蘭拜三大鐵路幹線之賜，其內陸煉油廠可以直接和東岸港口銜接。洛克斐勒和佛拉格勒運用其智慧，不斷交互運用這三條鐵路。他們甚至還想辦法操控惡名昭彰的財政家古德等厲害角色。古德在一八六八年從范德比爾特手中奪下伊利鐵路。佛拉格勒曾特別指出古德是唯一最公平誠實的鐵路龍頭老大，而當洛克斐勒被要求選出他認爲最偉大的企業家時，也立刻點名古德。相同的，古德也指出洛克斐勒是美國經濟史上，最偉大的建設性組織天才。

這六大煉油中心爭相和鐵路業者組成策略聯盟，紐約中央鐵路和伊利鐵路是這種鐵路架構下自然的支線，於是極力想促使克里夫蘭成爲煉油中心，並將洛克斐勒看成是推動石油運輸計畫的重要盟友。

一八六八年春，古德和洛克斐勒及佛拉格勒達成一項祕密交易，給後者阿利根尼運輸公司的股份，這也是第一家服務油溪的主要石油管線網。透過這項交易，克里夫蘭煉油業者利用伊利鐵路系統運送石油可以享有高達百分之七十五的回扣。佛拉格勒也和伊利鐵路的支線之一大西洋及大西部鐵路，敲定一項交易給「洛克斐勒與安德魯和佛拉格勒公司」往來克里夫蘭和油區間貨運極優價。

在不斷讓步期間，佛拉格勒也和湖濱線鐵路取得優惠，讓他們得以運送原油到克里夫蘭，再送精煉的石油到紐約，每桶只收一點六五美元費用，而當時官方定價是二點四美元。爲了滿足海岸線驚人的六十車精煉油，逼使洛克斐勒出面結合克里夫蘭其他煉油業者以供應鐵路運輸。此後鐵路就因創造了超大型的石油壟斷而坐收漁利。和其他行業一樣，鐵路和大企業的成長休戚與共，其經濟規模讓他們得以更有效率的營運，但對苦苦掙扎的小煉油業者卻是噩耗，但優勝劣敗，這些小業者將逐步遭淘汰。

湖濱線的這筆交易無疑是洛克斐勒個人、石油業和整體美國經濟的轉捩點。洛克斐勒和佛拉格勒對這筆歷史性的交易，得意洋洋。但他們心裡有數，他們正涉入一場黑暗又有爭議性的交易中，因爲這些回扣是在極機密的情況下達成，他們和湖濱線交涉時只有口頭協定，從未形諸文字。由於很多鐵路交易最後都以握手而非簽字完成，洛克斐勒對是否達成任何協定可以一笑置之，不虞日後任何一方否認後徒增困擾。

佛拉格勒固然是達成交易的主角，但洛克斐勒在事情最關鍵時刻，還是扮演推手。一八六八年八月十九日，他從紐約寫信給羅拉，信中透露了他在和控制湖濱線母線紐約中央鐵路的范德比爾特面對面談判時的強悍作風，他寫道：「范德比爾特昨天十二點派人請我們去，我們並未赴約，他急欲拉我們的生意，還放話說，可以接受我們的條件。我們請信差送名片去，范德比爾特後來才知道我們的辦公室在哪裡。」二十九歲的洛克斐勒要七十四歲的范德比爾特這位鐵路界的皇帝來見他，這種拒絕諂媚、屈服或向別人低頭，或堅持照自己的條件、時間在自己的地盤洽談，這其實是洛克斐勒一生從事事業的風格。

受到「湖濱線」交易的鼓舞，克里夫蘭很快超越匹茲堡，成爲最大的煉油中心，新聞媒體也開始追蹤報導洛克斐勒的事蹟。一八六九年，一位記者對這位年輕人不動聲色的在克里夫蘭呼風喚雨嘆爲觀止，寫說：「他在我們業界所占的地位幾乎無人能敵，他全心全力投入這個事業，推掉所有浪費時間的名譽職位，而和他事業有關的一切，鉅細靡遺，他都管理得井井有條，因此他每天晚上都很清楚，他如何和世界站在一起。」

鐵路回扣在後南北戰爭時代曾引發激辯，因爲它直接影響到經濟體制和財富分配。回扣越打越多，加速朝向全國統合的經濟體，超大型的企業享有優惠貨運費率。洛克斐勒理直氣壯的說，回扣並非由他首創，在他敲定影響深遠的湖濱線交易前六年，賓州鐵路已經給過數以千計的回扣。回扣是鐵路擴張下的必然產物，南北戰爭後，鐵路軌道總長在八年內倍增爲七萬哩，這些鐵路背負著極高的固定成本和沉重的公司債，必須有大量且穩定的載貨量才能生存。不只託運業者索回扣，火車貨運代理商爲了競爭生意，也大力推動。回扣讓鐵路業者得以表面上維持掛牌價假象，但私下給特權託運業者折扣。久而久之，鐵路業者和大型託運商之間的關係日益親近，有數十年之久，洛克斐勒和其同事在搭各大鐵路時一路免費，他認爲這是做生意自然附帶的特權，不覺得這是賄賂。

洛克斐勒從不認爲回扣是違法亂紀，也不認爲是恃強凌弱的獨占事業所索取的甜頭。他說的沒錯，表面上的定價只不過是討價還價的一個起頭，很多煉油業者收取回扣，不只是大企業，某些小公司的折扣更大，賓州鐵路更是如此。洛克斐勒的商業文件透露出對這種認定不公的舉措頗有怨言。對於這點，他和他的同事在談判關鍵時刻常嚴厲譴責鐵路公司的代表。不過，不論多少其他煉油業者取得類似的回扣，沒有任何一家企業能像洛克斐勒多年來經常取得那麼多回扣，而且金額非常驚人。所以，當他說回扣對其事業的成功只扮演微不足道角色時，並非實話。

除了託運的石油貨源穩定，洛克斐勒的企業還大量投資於倉儲、發貨站、裝貨平臺和其他鐵路設施，使鐵路當局的運貨收益遠遠超過那些付了較高費率的其他同業。不定期的小發貨人往往為了一貨車的石油，迫使火車不斷靠站裝貨而成為鐵路業者的致命傷。洛克斐勒為了達成湖濱線交易所列的條件，即使在煤油市場需求減少時，他的煉油廠仍得全能生產。也就是說，為了索取回扣，他付出了代價，因此他覺得所有託運貨主統一費率，對他的企業是不公平的處罰。一八六七年，俄亥俄州參議會一委員會宣布，鐵路是一般交通工具，應該收取同樣的費率，但一項涵蓋這些理念的法案未能過關。第二年，當洛克斐勒簽訂湖濱線合約時，賓州議會一委員會也指出，鐵路是一般運輸工具，「無權偏袒任何客人」，但仍未能完成立法。又等了二十年，才頒布相關規定，結束了鐵路優惠待遇這個惹火全美各地農民小貨主的做法，但在這段期間，洛克斐勒已經賺翻了！

富豪街

一八六八年八月，在湖濱線達成回扣協議後，洛克斐勒已確立了在克里夫蘭的崇高社會地位，他和羅拉就從奇希爾街搬到歐幾里得街四百二十四號一棟堅固的磚房，此次搬家標示著他在石油業打拚幾年後的驚人成就。地方人士誇大的封歐幾里得街為「全世界最漂亮的街道」，街道兩旁的豪宅反映了當地在石油、鋼鐵、銀行、木材、鐵路和房地產上所賺的錢。鎮上新的榮景都寫在沿街宏偉的住宅上，許多仕紳名流都住在這裡，歐幾里得街因華廈林立而贏得「富豪街」稱號。

這條寬敞莊嚴高級的維多利亞時代道路，經常可見漂亮的駿馬和馬車穿梭其間，街道兩旁種了兩排榆樹，形成一個高大蔭涼的天幕。兩邊的華宅退居林蔭深處，草皮和矮樹叢修剪得平整有形，成為房子和前門間的緩衝地帶。由於所有房子幾乎都沒用圍籬和毗鄰的房屋隔開，整條街有時看似一座連貫的公園。洛克斐勒的房子比起隔鄰來顯得不起眼且偏小，路人會以爲屋主只是一個普通的小商人，這正是洛克斐勒刻意營造的錯誤印象。他無意炫富，只想隱姓埋名，洛克斐勒在家都謹言愼行、避人耳目。身爲清教徒的洛克斐勒，對財富感到不自在，對不必要的出風頭和開銷及享受特權，一概避而遠之，他偏愛樸實寬敞的房子，和農家子弟一樣酷愛寬敞的空間。

洛克斐勒花在樹木和矮樹叢的時間和金錢，遠比房舍本身還多，他在屋後蓋了一間馬廄和馬車房，比房子本身還氣派。洛克斐勒擅長駕馭兩匹及四匹馬拉的車，因此熱愛養良駒和駿馬，筆直的歐幾里得街也是賽馬的理想地點，若有人想超「車」，不服輸的洛克斐勒自然會和人飆個輸贏。他是「克里夫蘭賽馬場公司」的賽馬俱樂部股東，這是全美第一家業餘賽馬俱樂部，而洛克斐勒也是個賽馬迷，在一八七〇年代，他投入約一萬到一萬兩千五百美元巨資，飼養了純種良駒，還爲牠們取了「暗夜」、「閃電」等令人難忘的名字。

開始創業時，或許因工作壓力太大，洛克斐勒的頸椎經常劇痛，就靠騎馬運動來治療。由於羅拉也很愛馬，夫妻倆常並駕齊驅。從洛克斐勒騎馬也可看出其行事風格，他從不用蠻力強制駕馭馬匹，而是密切觀察研究，再耐心的循循善誘。洛克斐勒對家庭生活始終忠誠堅定，可說一本正經，菸酒不沾，居家時作風如維多利亞時代可親可敬的模範丈夫，但經營事業則異常嚴厲。他和羅拉的宗教信仰決定了文化活動內容，他們會訂位聽交響樂，對話劇和戲劇不熱衷，對無法完全預測的社交活動，一概謝絕，只和一小撮家人親戚、同事及教友往來，絕不涉足俱樂部或參加晚宴，尤其喜歡和他一樣親切溫煦的牧師作伴，也因此擋掉所有的誘惑。洛克斐勒幾乎未受南北戰爭後繁榮期的墮落風氣影響。

洛克斐勒嚴厲要求戒酒，連晚年應邀到一家飯店吃烤肉，他也要先去考察環境，當發現地上有空啤酒瓶時，立刻拒絕赴宴。他和羅拉都深度投入戒酒工作，兩人除了到各地演說外，還遊說把戒酒納入學校教科書內容。因謝絕一切有酒精的場合，致使他們的社交活動範疇十分狹窄，但他們都在侷促的世界中過著快樂的家庭生活。

洛克斐勒的生活精準規律，在外人眼光中流於機械化，他不以爲意，不覺得有必要無所事事，他沒有任何不正當的欲望。在方方面面區隔分離的生活中，每個鐘頭，不論是做生意、上教會、家居生活或運動都精打細算。或許這種日復一日的呆板作息幫助他應付潛在的緊張生活而免於失控。洛克斐勒表面上不慌不忙、十分鎭定，實則創建石油王國時飽受壓力，時時擔心其企業，在內心深處，經常忐忑不安，曾經一連好多年睡不安穩，擔心事情的發展。他說：「我夜夜在床上輾轉反側，不知會有什麼結果。我所賺的錢，根本不足以彌補我在那段期間所受的煎熬。」

當搬到歐幾里得街時，洛克斐勒夫婦已經有個女兒伊莉莎白，小名貝絲（Bessie），她是一八六六年在奇希爾街出生的。在羅拉產後不能上教堂時，約翰記下講道的經文，回家再唸給她聽。其他孩子都在歐幾里得街樓上臥室出生，次女愛麗絲（Alice）一八六九年七月出生，一年後夭折，接著艾兒塔（Alta）一八七一年、伊迪絲（Edith）一八七二年，以及小約翰一八七四年相繼出世，他們都由克里夫蘭第一位女醫師蜜拉．海立克（Myra Herrick）接生。這位醫界先驅曾創立一所順勢療法學院，專門培育醫師，但爲時短暫。

洛克斐勒是很有彈性、主張平權的父親，他從不推卸照顧孩子的責任，一向對孩子很有耐心，很少發脾氣或說重話，強調要做一個以家庭爲重的慈愛父親。洛克斐勒經常在地上爬行，讓子女騎在背上，和他在辦公室時判若兩人。當他們在玩捉迷藏時，他大膽的聲東擊西，突然推人一把，出其不意的轉身，如果贏了還會高興的大叫。爲了配合孩子的幻想世界，他喜歡把孩子們叫到身邊，講些童話故事，有時還會露幾招特技。吃晚飯時，他會用鼻尖平衡高級磁盤，孩子樂得驚呼連連，他也用鼻子平衡薄脆餅，突然往上拋，再用嘴接住。他教孩子游泳、划船、溜冰、騎馬，還設計充滿想像力的戶外活動。

由於宗教信仰禁止他們看戲或從事其他娛樂，約翰和羅拉鼓勵孩子發展其他的音樂天分，每個孩子學一種樂器。他們自組四重奏樂團，貝絲拉小提琴、艾兒塔彈鋼琴、伊迪絲拉大提琴、小約翰也拉小提琴；他們還常在教會活動中當眾演出，也獲准演奏當代流行樂。

洛克斐勒幾乎讓孩子過著與世隔絕的生活，他請女家教到家裡教育他們。除了上教會，孩子從不參加外面的社交活動。暑假期間，孩子的同學會來玩一、兩個星期，但他們從未回訪，而這些玩伴也是約翰和羅拉從教友的子女中精挑細選的。

由於洛克斐勒堅信，競爭是對個性的嚴酷考驗，他在撫養子女時因而面對非常微妙的問題。他想管束孩子不致驕奢放縱，首先是要讓孩子完全不知道父親多有錢。洛克斐勒的子女長大成人前，從未去過他的辦公室或煉油廠，即使成年後去，也是由公司人員作陪，父親永遠不在場。洛克斐勒在家裡建構一個虛擬「市場經濟」，他稱羅拉為「總經理」，規定子女都要詳細記帳。他們都要幫忙做家事打雜才能賺到零用錢，例如：打死蒼蠅可得兩美分、削鉛筆十美分、樂器每練一小時給五美分，若修補好花瓶，就可得一美元，不吃糖果，一天給兩美分，若繼續不吃，每多一天就給一角。每個孩子還各負責一方菜圃，每拔除十根雜草就可賺一分錢。小約翰砍一小時木材可得十五分錢，管理步道每天可得十分錢。洛克斐勒無時無刻不在傳授節儉的美德，每次收到包裹時，立刻指示把紙和繩子留著再使用。

羅拉也管得很嚴，當子女吵著要買腳踏車時，約翰提議給每個孩子買一輛，羅拉說：「不行，我們只給他們合買一輛。」約翰抗議說：「但，太太，腳踏車不會花太多錢的。」羅拉答說：「沒錯，問題不在多少錢，如果他們只有一輛腳踏車，他們就會學習彼此禮讓。」最後，四個孩子只好共騎一輛腳踏車。讓人驚訝的是，四個孩子成長期間的物質享受，比洛克斐勒童年時期的物質水準高不了多少。除了星期天，女孩子都得穿姊姊穿過的簡單棉布或亞麻布衣服。小約翰晚年曾不好意思坦承，八歲前他只穿過女裝，因他排行老么，得撿三個姊姊的衣服穿。

洛克斐勒對孩子極爲溫和，但對孩子反覆說教某些原則卻極堅持。例如：這些孩子被再三灌輸玩撲克牌有罪的想法，以致他們無法區別不同花色的牌；爲了教孩子克己自律，洛克斐勒也限制他們每天只能吃一片乳酪。洛克斐勒最重視的是，不能浪費時間，教導孩子絕對不能遲到早退，由於嚴格要求守時，孩子顯然都十分焦慮。每天早餐前，洛克斐勒帶著家人禱告，遲到者罰一分錢，每個人輪流朗讀一段經文，再由父親或母親解說深奧難懂的部分；上床前，羅拉聽孩子大聲禱告，任何事都不能阻止她執行這項神聖的工作。星期天的活動更受到嚴密的控制和安排，早上先參加晨禱、再去上主日學。隨後參加下午的禱告會，晚上則以唱讚美詩達到最高潮。孩子若還有空，也不准讀小說或世俗文學作品，只能研究聖經和主日學教材。羅拉把星期天變成認眞省思的一天，她要孩子思索一些嚴肅的格言。

在企業界，洛克斐勒在一個粗糙陽剛的世界呼風喚雨，在家則被一群摯愛他的女人包圍，包括他的妻子、大姨子、母親、岳母和三個女兒。洛克斐勒娶羅拉爲妻，使他找到一個和他母親一樣，具有溫文儒雅、不屈不撓和信仰虔誠等特性的女人，夫妻婚姻和諧，兩人從未爭吵。和洛克斐勒一樣，羅拉十分民主，也厭惡鋪張浪費和勢利眼。她以矯飾爲恥，並斥穿著入時的人虛榮愚昧。她比約翰更小氣，不但衣服上有補丁，還說年輕婦女衣櫥裡只要有兩件衣服就夠了。即使她丈夫發大財，仍然自己打理家裡，在他們可以請很多人手幫忙時，也只請了兩名女傭和一個馬車夫。羅拉把母親的責任看得太嚴肅，她也許充滿愛心，但絕對是個堅定厲行嚴格紀律的母親，她對節約時間的信念更甚於洛克斐勒。

不過，洛克斐勒夫妻倆的價值觀完全一致也有危險，因爲這使得兩人的知性生活窒息，沒有發表異議的空間，如果他們有不同的意見，洛克斐勒就可以聽到批判的聲音，從而使他日後得以避免在商場上有過分的舉措。洛克斐勒的婚姻強化了他的道德觀，使他以上帝的卒子自居，因而認為遭到罪人詆毀中傷是必然的。羅拉也因為洛克斐勒的財富，同樣得準備應付遭到社會恐怖的摒棄放逐。她的女兒說她永遠像個經過嚴格訓練的斯巴達母親，逆來順受、無怨無悔，耐心拖著瘦弱的身軀，完全信任她所愛的人，從不質疑或批評。

還好的是，在羅拉的姊姊露西、孩子口中的「露姨」影響下，洛克斐勒的枯燥乏味的家逐漸改變。露西大羅拉兩歲，是名養女，但巧的是兩人長相神似，外人都以為她們是親姊妹。露西聰慧又有教養，對當代文學涉獵頗廣，當她在晚餐後朗讀詩文給孩子聽時，也為洛克斐勒開了一扇窗。洛克斐勒很喜歡這位大姨子，但覺得她長相太滑稽，她一本正經，有著老處女的味道，洛克斐勒經常學她撩起裙子步上樓梯的模樣，她常一轉身，就看到洛克斐勒走在她後面，穿著大禮服學她，逗得全家大樂。成為洛克斐勒家庭一分子的露西，為這個固守基督教信仰的僵化家庭，引進一些重要的文化素養。

第四章　托拉斯石油王國的建立、解散

美國在南北戰爭之後，工業快速發展，各種產品充斥，由於供給擴張迅速，時常供過於求而造成破產，這也成為十九世紀的一套模式，亦即經濟大幅成長，間或出現衰退。由於賺錢容易，大批投資人爭先恐後投入新興行業，又因生產過剩，存貨堆積如山，致投資血本無歸，尤其新興工業投資人缺乏經驗，隨心所欲率性擴張的結果更慘，以致不少商人逐漸不信任漫無節制的競爭，進而想出「合作」的新花招——聯營、獨占和其他市場行銷方式紛紛出現。

商品價格波動本屬正常，而原油價格震盪起伏卻相對劇烈。每當有個幸運者挖到油井，豐富的油礦就壓低油價。南北戰爭後一、兩年內，石油大量湧現，價格直落，促使石油業者考慮組成企業聯盟或卡特爾以拉抬油價。煉油業者剛開始時獲利極高，洛克斐勒曾說，這些永不饜足的煉油業者如果一年半載不能賺個百分之百就大失所望。由於獲利高得離譜，創業成本又低，這行很快就人滿為患，而工匠、裁縫、農家子弟一窩蜂趕來湊熱鬧，都想分食這塊大餅。

一八七〇年，總煉油量是所抽出的原油三倍，當時百分之九十還在營業的煉油業者都出現赤字。一八六九年，在向鐵路回扣漂亮出擊成功之後一年，洛克斐勒開始擔心他的財富會縮小，於是著手研究全盤情勢，他發現自己在煉油上的成功，已被整個產業的失敗拖垮，他在一八六九和一八七〇年推展一項行動，以促成業界合作來替代競爭。他決定當開路先鋒，在沒有任何經濟學教導下，立刻想出解決方案，開始構思並籌劃一個巨大的「卡特爾」（cartel）企業聯盟。它不但可以減低生產過剩、穩定物價，也能使產業合理化。洛克斐勒是最早向煉油業者提出這個構想的，不過，必須有錢才能爲業界設計一套完善的方案，不管是創造規模經濟，或是建立現金準備以挺過經濟衰退或提高效率，都需要錢。對洛克斐勒和佛拉格勒來說，最棘手的是，如何追加資本而不至於讓出控制權，解決之道則是合併，使他們得以將股權讓給經過精挑細選的外來投資人。由於洛克斐勒太忙，就將任務交給佛拉格勒負責。

當時很多州已立法准許企業合併，唯一的限制是這些企業合併後不能再另外擁有地產。這對洛克斐勒是個大問題，爲了巧妙地避開該限制，需要不斷的鑽法律漏洞。一八七〇年一月十日，洛克斐勒、安德魯和佛拉格勒決定拆夥，成立一家俄亥俄州「標準石油公司」。這是一家股份有限公司，由約翰·洛克斐勒當總裁，威廉·洛克斐勒任副總裁，亨利·佛拉格勒擔任祕書和財務長。除了和先前所取的「標準煉油廠」相互呼應外，在消費者因擔心石油雜質太多容易爆炸而產生排斥心理之際，取這個名字也爲他們所生產的煤油品質始終如一打廣告。當時一百萬美元資本的這家新企業，立刻成爲企業史上新的里程碑，就如洛克斐勒所說的：「這個國家沒有任何其他事業有這麼大的資本額。」

當時的「標準石油公司」控制了全美十分之一煉油業，並跨足製桶業、倉儲業、貨運設施和一車隊的油槽車，簡直就是個迷你王國。洛克斐勒自始就計畫「以大爲尊」，他揚言「有朝一日標準石油將可望提煉所有原油，並製造所有油桶。」

佛拉格勒未曾接受正規的法律訓練，卻草擬了合併的相關條例，其簡單粗糙也凸顯經營者的節約務實，投資人也表示歡迎。洛克斐勒決定公司領導人不能領薪水，只能靠股票漲價和紅利增加作爲收入，他認爲這種方式比較能激勵員工努力工作。洛克斐勒從一開始就比任何其他股東持有較多的標準石油股份，並且抓住每一個能繼續擴大股份的機會。不過，有意入股標準石油的富有投資人並不多，原因之一是當時並非做新的投機生意的適當時機。

一八六九年九月二十四日，就是歷史上有名的「黑色星期五」，引爆經濟大恐慌，華爾街十幾家號子垮掉了，當時的石油業投機氣氛濃厚，很多有頭有臉的企業家不敢投入，洛克斐勒的計畫被批評得體無完膚，一些年高德劭的企業家勸他勿嘗試。但洛克斐勒並未鬆手，決定以行動證明他們的錯誤。儘管經歷石油業發展初期嚴重的金融危機，營運第一年，洛克斐勒就付標準石油公司百分之一百零五的股利。

洛克斐勒在一八七〇年時，還是個深思熟慮、行事隱密的人，但此後就以鐵腕來統治這個無法無天的行業。他掃描戰場後，發現第一個有機會下手的目標是離他家不遠、克里夫蘭的二十六家煉油廠。洛克斐勒的策略是，征服一部分戰場，整合他的部隊，再以迅雷不及掩耳的速度征服下一個目標。洛克斐勒成功購併克里夫蘭煉油廠，是他的事業第一個、也是爭議最大的一次行動。

克里夫蘭大屠殺

一八七一年，煉油業情況淒涼，價格跌了百分之二十。在其他競爭同業跌到谷底，甚至破產時，標準石油公司卻宣布創造了百分之四十的紅利，而且還有盈餘。不過，洛克斐勒仍然脫售了一小部分持股，這也是他唯一一次灰心喪志的時刻，但氣餒很快消失。到一八七一年底，洛克斐勒策劃祕密收購紐約首屈一指的購油業者「波斯維克和提福德」（Boswick and Tilford），這家公司不但有駁船，還有一座大煉油廠。買下這家企業，使洛克斐勒在關鍵時刻能擁有一家經驗老到的採買公司，他把新公司改名爲「波斯維克公司」，標示著獨立於標準石油公司之外。

一八七二年一月一日，標準石油公司決策委員會將公司的資本額由一百萬美元提高爲三百五十萬美元。新股東不乏克里夫蘭銀行界的重量級人物。也就在同一天，決策委員會作成歷史性的決定，要購買「克里夫蘭和其他地方的某些煉油設備」，這項看似無傷大雅的決策，卻點燃了一場血腥戰鬥，史家稱之為「克里夫蘭的大屠殺」。

在一八七二年二月十七日到三月二十八日，短短一個多月時間，洛克斐勒趁機併吞了他在克里夫蘭二十六家競爭對手中的二十二家，在三月初短短四十八小時內，他一口氣買下六家煉油廠。

一八七一年底，眼看石油產量在一八七二年將再刷新過去的紀錄，勢必壓低油價，洛克斐勒越來越急於吞下煉油業，他覺得不能再等市場慢慢淘汰體質弱的業者。別的企業家會先從岌岌可危的小公司下手，而後再擴大版圖，但洛克斐勒卻決定從最頂尖的公司下手，他相信若能擊敗最強悍的競爭對手，就會造成極大的心理衝擊，而他最大的對手是克拉克潘恩公司（Clark, Payne and Company）。若洛克斐勒能征服這家公司，特別會讓他感到高興，因為克拉克是他初出道時的合夥人，但後來起了衝突。如今洛克斐勒竟看上克拉克的「明星煉油廠」（Star Works Refinery）。

這家公司在克里夫蘭有其社會象徵地位。奧利佛．潘恩是耶魯大學高材生，南北戰爭時是一位備受尊敬的上校，是政治家亨利．潘恩的兒子，可說家道殷實，系出名門，是最早在克里夫蘭立足的幾個家族之一的後代。佛拉格勒稱潘恩是「神的子民」，而洛克斐勒則時常稱讚潘恩是個堅定能幹的盟友，兩人是高中時的好朋友。

一八七一年十二月一個午後，洛克斐勒邀請潘恩到克里夫蘭市中心一家銀行的接待室見面，洛克斐勒勾勒出一個由標準石油控制的高效率龐大工業藍圖。他告訴潘恩，標準石油公司即將增資，他直截了當問潘恩願不願加入。潘恩表示有條件的同意，他要先查洛克斐勒的帳冊才決定要不要讓售公司。當天下午，當他審查標準石油的帳簿時，對其高獲利表示震驚，迫不及待的跟洛克斐勒說：「讓我們找人估算，看我們的廠值多少錢」。在和合夥人商議後，潘恩同意以四十萬美元讓售公司。洛克斐勒明知他「溢開價款」，卻無法抗拒該筆交易，畢竟這將保證他在三十二歲時就坐上全球首屈一指的「煉油業大王」的寶座。洛克斐勒在契約上明訂「不歡迎克拉克加入標準石油」，但希望潘恩到公司，而潘恩也很快就和洛克斐勒及佛拉格勒共用一間辦公室。

洛克斐勒在一八七二年收購二十二家煉油廠，被指以高壓手段購併，但他辯稱，他在談判中一向友善客氣、彬彬有禮。他說「大部分煉油業者，已經被當時越來越升高的競爭壓力擊垮，他們隨時會毀滅」，他堅稱，在重重利害關係考量下，把公司賣給標準石油後持股已成「天賜良機」，他強調「如果沒有標準石油公司，這些煉油業者根本就會破產」。

有些克里夫蘭煉油業者聲稱，洛克斐勒曾威脅他們，但洛克斐勒似乎不太可能明目張膽的脅迫煉油業者，他天生具有說服力，寧可苦口婆心的勸服他的對手，以十分有節奏的狂熱口吻和他們說理。他喜歡讓標準石油聽起來像個慈善機構或慈善天使，來援助那些被踐踏蹂躪的煉油業者。他在一八七二年曾告訴那些比較弱勢的同業，「我們會扛下你們的重負，讓你們充分發揮才幹並推派代表，我們要團結一致，在合作的基礎上建立一個具體的架構」。他又說：「我們克里夫蘭退居劣勢，應該要有點作爲來互相保護。如果各位願意，我們願和大家一起思考。」洛克斐勒確信自己肩負重任，並痛批那些抗拒標準石油公司的人愚昧無知、缺乏遠見。他敦促他們「拿標準石油的股票，你們全家將不虞匱乏」。

如果被購併的煉油業者眞的被洛克斐勒救助，爲什麼在他們的產業被買之後會恨洛克斐勒？爲何不稱他爲救星？原因就在洛克斐勒付給他們的錢很少，是他們當初建廠成本的四分之一。不過，洛克斐勒說：「一家賠錢的企業如果停工，它的價値甚至比船或鐵路的資產還低，因爲船和鐵路還可以換線行駛」。而且洛克斐勒完全是逆向操作，他接收許多工廠後並非繼續經營，而是買來就關廠以減少浮濫生產。他曾嘲諷他買下的很多煉油廠，根本就是一堆破銅爛鐵。

不管是機緣巧合或刻意安排，洛克斐勒一八七二年的商業文件不翼而飛，因而後人對他在這段期間關鍵性的談判時刻，到底在想什麼不得而知。但往後幾年，洛克斐勒是個公正公平的談判者，往往付太多錢給具有策略作用的產業，他在文件中常慨嘆如何「超額」買了某些產業。至於購併，洛克斐勒也沒有錙銖必較，而是以誠摯的態度敲定協議。由於他希望拉攏競爭對手加入他的卡特爾，而且多半留下原來的業主，所以不太可能會以威逼恫嚇的方式，誠如他說的，他和他的同事不至於短視到和他們希望建立密切互利關係的人爲敵。不過，洛克斐勒爲達目的絕不屈服，也不容許任何人反抗。

一八七二年的石油戰顛覆了克里夫蘭社會，很多從煉油業輕鬆賺大錢的暴發戶落得傾家蕩產，被迫拋售產業。不管是不景氣的石油市場或是洛克斐勒迫使他們認賠脫售其煉油廠，他們都認爲始作俑者是洛克斐勒。在市場的運作下，很多不賺錢的公司難逃倒閉的命運，但洛克斐勒無疑加速去蕪存菁的速度。是有幾家獨立經營的煉油廠苦撐了好幾年，還是逃不過倒閉的下場。在這次慘烈的戰爭中有很多輸家，只有一個精明幹練的巨人是贏家，他就是洛克斐勒，但他也因此和一批死敵結下了梁子。

救難聖人或企業惡霸

一七七六年建國的美國，一向以經濟自由和政治民主著稱，讓人以爲美國的企業家也都一向支持自由競爭，也都相信「市場機能」或那隻「看不見的手」的作用。不過，在南北戰爭後的工業興盛期，那些無法控制市場瘋狂波動的企業家，卻是大力的反對自由市場，洛克斐勒就是代表。他飽受早期石油生產過剩的困擾，他不認爲可以在一個被經濟衰退、通貨緊縮及巨大的興衰循環所干擾的劇烈震盪經濟體中，建立可以永續經營的龐大工業，他決定征服市場，而不是無止境的回應不斷變動的市場價格訊息。洛克斐勒和其他工業鉅子因此共謀終結競爭性市場，並創造出一個新的獨占市場。

洛克斐勒談起標準石油的源起，說「我們爲了自保只好出此下策，油市混亂，而且日益惡化，總得有人表明立場」。雖然他預見合作是最後解決之道，但其長程影響和後果卻不清楚，他說「這次行動是整個經濟決策體系的源起，這已經使全世界經商的方式起了革命性的變化。時機已經成熟，這是大勢所趨，但我們當時所見只是必須拯救自己走出無謂的浪費。企業結盟的日子已經到來，個人主義已成過去，一去不返」。由此可知，標準石油的「獨占」，是一種業者自發性的「自然獨占」，而非由政府主導或支持的「人爲獨占」。

其實，在標準石油之前，企業界也曾有過這種動作。在歐洲，工會和國營獨占事業可說歷史悠久，一八七二年標準石油只不過是無數夢想控制各行各業價格和產量的企業之一。洛克斐勒對如何在學理上爲獨占事業辯護曾苦思多年，他認爲「以合作對抗競爭的新理念，也許沒有任何行業比石油業更迫切需要」。不過，合併收購說起來簡單，實際上困難重重。

標準石油是克里夫蘭最有效率、成本最低的製造業者，理論上可打敗競爭對手，等對手破產再併購，代價最低，但洛克斐勒卻要支付高代價才能購併競爭對手、再肢解他們的煉油廠，以削減石油產量。這是因爲煉油業者背負沉重的銀行貸款和其他固定成本，認賠經營還可以清償一些債務，雖然他們沒法無限期虧損認賠下去，但只要他們能挺下去，使破產延後，他們所生產的石油就會把油價拖低到人人都沒錢賺的地步。因此，洛克斐勒必須趕緊讓那些過時守舊的煉油廠關閉，再大量貸款建立超大型的廠房，並削減單位成本。他早就明白，在資本密集的煉油業，規模非常重要，量越大，經濟機會越好，給民眾更便宜產品的機會也越大，在他一生創業過程中，把煉油業的單位成本幾乎減半，完全合乎「工業效能」準則。

洛克斐勒為了償還天文數字的貸款，必須排除使石油業風險提高的價格激烈波動。他採行「溫和成長」的路線，他總是先發制人，預防對手的削價競爭，讓風險和可能的混亂減到最低。洛克斐勒相信，用這種方法可使標準石油員工免於陷入其他行業員工的困境。他抨擊殘酷無情的競爭和變幻莫測的企業景氣循環，他相信漫無節制的混亂競爭，終將走向壟斷獨占之路，而大型的工業計畫單位才是最合理的經濟管理模式。

經濟學家雖然都認同，競爭一般而言是比較優越的方式，但也承認，在某種情況下，「托拉斯」是一項明智的經濟措施。著名的創新理論先驅者、奧地利裔美籍學者熊彼德（Joseph A. Schumpeter, 1883~1950），就堅決主張，在經濟不景氣或迅速變動的新工商業活動中，獨占可能證明是有利的。

在一般標準的經濟學教科書中，都用圖形明確的告訴我們，獨占是無效率、有害社會福利的表徵。在簡單清楚的理念圖示下，「價高量少」的「剝削」現象清楚浮現，於是需要政府強力介入，要麼強制分割、要麼收歸國營、要麼干預定價等。其目的美其名是「彌補市場失靈」，讓市場競爭力量發揮促進社會福祉的效果。不過，在「潛在競爭者」理論及「政府失靈」、無效率、官商勾結、保護權貴等理念和事實輝映下，「反獨占」和「獨占法」的訂定都受到強力挑戰。而一九九一年諾貝爾經濟學獎得主寇斯（R. H. Coase, 1910~2013）在一九三七年發表的〈廠商的本質〉（The Natural of the Firm）一文所強調的「交易成本」，將廠商的出現及其規模大小、管理方式等做了石破天驚的反思，讓「自然獨占」還原、平反，凸顯出由政府主導的「人爲獨占」才是戕害社會福利的眞相。所以，洛克斐勒在十九世紀所標舉以「信任」、「合作」爲準則，實際從事的企業購併成「獨占事業」，是很値得仔細探究，並予以正面看待的。

回頭再看洛克斐勒當時的作爲。當他接收競爭同業的煉油廠時，留下設備先進的廠，同時關閉落伍老舊的廠。不過，如果那些脫售舊廠者拿了錢去開新廠，不可能縮小業界規模和穩定油價，所以洛克斐勒不甩反托拉斯法的限制，迫使這些賣家簽下附帶諸多限制的合約，禁止他們重操舊業，雖然有違約者被告上法庭，但大部分都能遵守協定。

儘管洛克斐勒掠奪式的經營策略購併了許多同業，仍有不少煉油業者負隅頑抗，有數十家小型業者未加盟標準石油而繼續獨立經營存活，但洛克斐勒以「繼續經營安排」中程步驟誘使他們加入其陣營。這種模式是這樣的：如果這些獨立業者願意對產量設定上限，標準石油就保證給他們一定的利潤。如此一來，標準石油就可以限制競爭對手產量。一九七〇年代初第一次全球石油危機發生，當時沙烏地阿拉伯石油部長亞曼尼促成的「石油輸出國家組織」（OPEC）這個石油生產國家卡特爾聯盟，被認爲成功操控油價、油量，其實正是一百年前洛克斐勒的煉油業翻版。一如OPEC領袖，洛克斐勒必須對那些難以駕馭的成員希望提高配額的要求做仲裁，並防範作假。每當願意繼續經營的煉油業所生產的石油超過他們的配額時，身爲關鍵石油製造業者的標準石油就必須削減本身的產量，以維持油價穩定。標準石油和一九七〇年代全球最大的石油輸出國沙烏地阿拉伯，同樣面臨兩難的困境。此困境使洛克斐勒要擁有競爭同業的決心益形堅定，不願意停留在只主持一個永久處於交戰狀態的成員所組成的聯盟。

洛克斐勒希望家財萬貫，也希望品德高尚，他自稱其行動獲得上帝的認同，他認爲神是其盟友，像是標準石油的名譽股東，他的財富得力於祂的大力福佑。洛克斐勒是基督教和資本主義的最完美結合，由於廣泛投入教會活動，其事業處處可見他那套福音派新教教義的痕跡。在爲他的壟斷石油業辯護時，洛克斐勒經常顯現出浸信會傳教士的諸多特質。在面對一八七〇年代初期石油業的混亂失序時，在他腦中已把標準石油轉型，幾乎等同於其道德上的浸信派教會。對洛克斐勒來說，身爲托拉斯國王的事業，是個基督教的傳奇故事和心路歷程，他是個典範人物，要拯救罪孽深重的煉油業者，使他們不再偏離正軌。

洛克斐勒形容標準石油是「摩西欲帶領煉油業者，走出嚴重破壞他們財富的愚行」。對於被控摧毀公平競爭，洛克斐勒憤憤不平的說「我再次重申，這並非破壞浪費，而是建立和保留各方利益的過程。在我們最英勇、用意最良善，甚至我要畢恭畢敬的說，簡直是神化的計畫中，我們力圖把這個正在解體的工業拉出絕望的深淵，結果卻被控以刑事罪名。標準石油非但不是非法集團，反而曾提供全世界傳教士般的服務。」而且，標準石油是建立在「信心」和工作的基石上，洛克斐勒認爲，標準石油功在「拯救整個石油業，並提升它爲受人尊敬的行業，而不再是不光彩的投機採礦行業」。

洛克斐勒將資本主義嚴酷競爭看成獎勵勤勉、嚴懲怠惰的有益制度，他的確堅決反對任何足以削弱自立自強之探索精神的官方計畫或私人慈善活動。他認爲標準石油使一個分崩離析的工業再度恢復四海皆兄弟的方式，他說「即使沒有標準石油，依適者生存法則，我們既然證明是最優秀的，就可以理直氣壯的出面收拾殘局，而比較不幸的同業只好關門大吉。但我們未做此圖，而是努力中止並避免了一場迫在眉睫的災難。」的確，標準石油對宣示放棄自行其是並效忠的煉油業者敞開大門，成爲一個「合作的共和國」，洛克斐勒認爲，這是強者向弱者大發慈悲，請他們共同努力拯救工業的獨特案例。他視有競爭性質的資本主義，而不是資本主義本身，會導致粗野無文的物質主義和貪婪的經營方式，使人類如兄弟般的情誼化爲烏有。在不受規範的競爭中，自私自利的個人只知道追求最大的利潤，並因而耗光整個產業的資源。他認爲美國經濟需要新的合作方式，洛克斐勒在托拉斯和基督教之間取得妥協，他聲稱「合作可以根除背離基督教價值的自我中心、利己主義或物質主義」。宗教雖未帶領他接受托拉斯的觀念，卻使他得以把合作的理念和有力的道德義務掛鉤。

一開始，標準石油從上到下瀰漫著一股「我們對抗他們」的心態，而洛克斐勒和他的同事是一群早期基督徒，飽受異教徒誤解，在他的道德思想架構下，他批判反對者愚昧無知、誤入歧途而「被偏狹的嫉恨和不當的偏見左右」，不知道過去的神祇如今已被淘汰。洛克斐勒發展出一套顛覆的世界觀，斥責那些批評他的人犯下了他們加諸在他身上的種種罪行。他不認爲自己是個流氓惡棍，或恃強欺弱的惡霸；相反的，他把自己塑造成一位可敬的紳士。洛克斐勒指出，那些獨立業者是一群自私自利的小人，永遠製造問題或騷亂，就像一群淘氣的孩子般，需要父親好好的打一頓屁股。洛克斐勒從來就不給任何異議合法性，他斥責批評他的人意圖勒索，是騙子惡棍，對於外界的批評，他幾乎完全無動於衷。

所向披靡一統天下

整合克里夫蘭煉油業後，洛克斐勒並未停下腳步，而是繼續發動攻勢。由於克里夫蘭煉油業者所付的費率和其他煉油中心一樣，他們在極不利的競爭條件下經營。光是運送原油到克里夫蘭每桶就要付五十美分，還得送提煉好的石油到紐約。相對的，泰塔斯鎮煉油業者卻可以直接運送石油到海邊。由於匹茲堡煉油業者也面臨同樣劣勢，洛克斐勒決定和他們結盟，迫使鐵路業者再打折扣。

一八七二年五月中旬，洛克斐勒和佛拉格勒到匹茲堡和當地前三大煉油業者會商，這群人接著搭火車到泰塔斯鎮，他們帶著籌組新的「全國煉油者協會」計畫，亦即一般人所稱的「匹茲堡計畫」，該計畫構思成立一個煉油業的新卡特爾，最上層由中央理事會統轄，負責和鐵路業者商議出最有利的條件，並分配成員的煉油配額，以維持油價穩定。所有煉油業者都可自由入會，而由洛克斐勒擔任總裁。由於諸種因素，該計畫遭受挫敗，洛克斐勒雖一時感到意興闌珊，但也使他更堅定的支持購併而不是大而無當、無約束力的組同業工會這種結盟。

一八七三年，延續六年之久、好似無止境的經濟蕭條，終止了南北戰爭後追逐財富的錢潮。經濟蕭條對石油業的打擊尤大，油價猛跌，甚至低於水價。不過，洛克斐勒發現，經濟蕭條是他實現理想的良機，他利用競爭同業賤價拋售的機會，削減標準石油的紅利，以提高現金準備。標準石油安然度過風雨飄搖的六年，洛克斐勒歸功於保守的融資策略及銀行提供他空前的信用貸款與投資人熱錢湧進。

煉油業由於生產過剩而經營困難，連占四分之一版圖的標準石油，在克里夫蘭的六個大廠中只有兩個仍在營運。不過，因爲標準石油獲利可觀，有時甚至只要讓競爭對手看一下帳冊就可收編成功。洛克斐勒征服克里夫蘭後，很快從一個城市到下個城市展開全國整合行動。隨著收編行動升溫，洛克斐勒依然堅持「守密」的最高指導原則，防人之心非常重。

洛克斐勒在吸納競爭對手時，都是低調隱密的進行，並要他們繼續以原來的名號經營，不能洩漏已被標準石油收購的事實，而且奉命保留原來的文具信紙，連帳冊也要保密，任何文件都不能暗指他們和克里夫蘭的關係，和標準石油的通信多半以密碼或虛構的名稱進行。之所以要如此做法，也是法律上的必要權宜之計，因爲按當時的法律規定，俄亥俄州的標準石油公司不能擁有他州的產業，所以全國性的企業被迫作假。

洛克斐勒還警告新加入標準石油的煉油業者不得張揚他們突如其來的財富，簽訂的合約也不能讓太太知道。這種固若金湯的保密，讓標準石油的主管擔心，萬一某個新購併的煉油業者去世了，他的繼承人可能以爲還擁有那家煉油廠！洛克斐勒對同業的任何炫耀財富或擺闊也不以爲然，如果被他發現就會跟對方解約。洛克斐勒也擔心，如果有人購置房產炫耀財富，可能引起更多人投入煉油業，將使生產過剩的問題更加棘手。

在迫使同業屈服時，洛克斐勒絕不手軟，他會買光市場上的油桶，也會壟斷當地所有的油槽車讓對手動彈不得，但他不會動輒施壓。洛克斐勒寧願耐心的講道理，而不使用恐怖的手段。洛克斐勒不只購併煉油廠，還籌組一個經營管理小組。不過，他保留被購併對象的既有管理階層，也造成尸位素餐浪費資源的後果，可說是形成獨占事業支付的代價。

洛克斐勒第二波整合的目標是擁有石油運輸業樞紐的匹茲堡。在匹茲堡計畫失敗後，洛克斐勒希望逼促、哄騙和計誘匹茲堡以及費城煉油業者加入標準石油行列。一八七四年秋，洛克斐勒和佛拉格勒以及匹茲堡和費城兩大城市的最大煉油業者洛克哈特和瓦登舉行巨頭會議，在六小時的馬拉松談判中，洛克斐勒以最平和的態度指稱，唯有結合成一大企業，才能避免一場流血削價戰。當對手猶豫不決時，洛克斐勒就邀他們到克里夫蘭看標準石油的帳目，經過幾個星期的評估，並獲得保證可在管理階層有發言權之後，這兩大廠決定加入而祕密出售煉油廠給標準石油，他們決定拿股票不拿現金。

在這次關鍵性行動後，洛克斐勒已擁有匹茲堡一半以上的煉油廠設施，而費城最大的煉油廠也納入旗下，他隨即啓動一個永續經營的行動。新加盟的同業同意在原來的廠址繼續整合經營，並監控收購剩餘的獨立煉油業者的行動，引發大規模連鎖反應，當地企業家幾乎都成了洛克斐勒的經紀人，兩年後匹茲堡只剩一家獨立經營煉油廠，可說完全統合了。

洛克斐勒一邊加緊收編匹茲堡和費城煉油同業，一邊在紐約建立重要據點。他在紐約買下專爲石油裝箱銷售的狄佛製造公司及一家大型煉油業長島公司，在弟弟威廉協助下也接收了普拉特公司。就在這個時候，洛克斐勒吸收了標準石油公司有史以來最有活力、最自命不凡的羅傑斯（Henry H. Rogers），他先是帶領紐約煉油業者向標準石油抗爭，在了解標準石油的經營眞相後倒戈加入。羅傑斯是一位能幹的主管，負責標準石油公司的採買、油管和製造營運。隨著石油副產品越來越重要，羅傑斯由於專業技術高於洛克斐勒，他取得分離揮發油和原油這項創時代加工法的專利。

當標準石油收編普拉特公司後，紐約獨立煉油業者就開始感受到市場重要的供應沒來由的短缺，標準石油公司的代表會拜訪這些業者，做友善的對話，但都警告說「你孤立無援，除了脫售，別無他途」。只有少數幾家企業擁有足夠的資源或力量，來和標準石油聲勢越來越大的「子弟兵」所形成的壓力，在短期間相抗衡。

在對匹茲堡、費城和紐約展開迅雷不及掩耳的攻勢時，洛克斐勒買下了位居鐵路和船運樞紐的幾家煉油廠，在這裡他可以談出最好的費率。不過，儘管地近油井，他從不認爲油溪是合乎煉油業者經濟效益的地方，至少是無助於提升他在賓州西部的民望。不少提煉石油的原料，在那個偏遠地方的價格遠高於都會區，洛克斐勒把油區降級爲煉油中心，並因而威脅到這些地區數以千計居民的生計，引起居民「太不公平」的抗議。在他們看來，洛克斐勒是非法掠奪的奸商，想奪走他們與生俱來的權利，實情是，洛克斐勒只不過是行使他的權利，到他想去的地方經商。

洛克斐勒要得到壟斷地位，必須拿下油溪的煉油廠。一八七四年一月二十二日，他收購皇家煉油公司和毗鄰石油市的廣大煉油設施；一八七五年初，洛克斐勒又拿下泰塔斯鎮第二大煉油廠波特摩蘭公司，這也使二十七歲的艾奇巴德投靠標準石油陣營。艾奇巴德是個矮小的演說家，曾在泰塔斯鎮歌劇院以反洛克斐勒的煽火言論撼動群眾，此時卻深信競爭已成過時理念，在企業整合的旗幟下突然決定倒戈。他此後成為洛克斐勒旗下第二號最重要角色，僅次於佛拉格勒，當他到標準石油時，被痛批為叛徒和逃兵，過去對他推崇有加的人尤其恨他入骨。不過，艾奇巴德是個長袖善舞、和善親民的外交家，洛克斐勒派他負責併購油溪的煉油業者，他也成了洛克斐勒的具有魅力的替身。

一八七五年九月，在艾奇巴德指揮下，標準石油公司成立金頂石油公司，負責購併當地煉油廠，數月內購買或承租二十七家煉油廠，之後三、四年間，艾奇巴德把剩下來的煉油業者全部收編到標準石油旗下。雖然獨立煉油業者覺得受洛克斐勒壓榨，其實他並未趁虛而入、殺得對方片甲不留，有時甚至還頗為寬宏大量呢！從艾奇巴德寫給洛克斐勒的幾封信證實「洛克斐勒認為，他給煉油業者的價格相當合理」。艾奇巴德在不甘願的付出離譜的一萬兩千美元買下其中一家煉油廠後，告訴洛克斐勒說

「我覺得在這片產業上已付出相當大的代價，以目前的低價，如果我們再拖一陣子，無疑可以爭取到更理想的價格」，但洛克斐勒要速戰速決，於是寧願支付高價購買。

一八七五年五月，當洛克斐勒祕密買下西維吉尼亞州帕克斯堡的康登公司，並重新命名康登聯合石油公司後，可說已完成控制各大煉油中心的鴻圖大計，因爲該筆交易一下堵住已在洛克斐勒控制下的紐約中央鐵路、伊利鐵路和賓州鐵路服務區煉油廠的最大缺口。在洛克斐勒的版圖上，只剩下一個最大的洞，那是獨立經營的巴爾的摩俄亥俄鐵路（巴俄鐵路）轄下的區域。在收編康登公司後，洛克斐勒授權康登自由收購委託巴俄鐵路輸運的煉油廠，康登很快的完成收購使命。不過，他和艾奇巴德一樣覺得支付的價格過高，但「既然這是我們對人類應盡的一部分責任，我必須義無反顧，貫徹執行」。在巴爾的摩的行動大功告成後，當時才三十多歲的洛克斐勒，已躍居美國煉油業唯一巨擘。其實，成就這樣的地位是經過諸多努力並克服無數困難，而且擺平銀行家、鐵路運輸家，以及各地煉油業者，並受到新聞界、業界的謾罵、抹黑等待遇，洛克斐勒才終於屹立不搖、立於不敗之地。

成立托拉斯

一八八○年代，由於工業用機器和各種引擎對燃料的需求持續增加，使得世界油品市場欣欣向榮，各國競相爭取全球市場。在此情況下，獨霸美國國內市場的標準石油開始面對來自國外的競爭壓力，當時蘇聯高加索地區剛發現大量石油蘊藏，由巴庫油田通往黑海的鐵路也預計在一八八二年完工，意味著標準石油公司即將面臨降價的壓力，一種連這麼強大的標準石油公司也無法忽視的壓力。於是標準石油公司的管理階層想出因應之道，此即「成立托拉斯」，這可使不斷成長的標準石油更有效地控制成本、提高利潤和促進管理。一八八一年，標準石油長久以來的律師都德（Samuel Dodd）擬定一份協議書，內容是：原本由標準石油控制的數十家公司的股東，以其擁有該公司的股票交換新成立托拉斯的股票。交換條件是企業的控制權必須轉移給九位信託人，包括洛克斐勒兄弟、佛拉格勒及其他原來標準石油的主要人物。這項措施在美國商業界是史無前例的。當托拉斯組織架構於一八八二年一月二日生效時，標準石油麾下已經控制全美百分之八十的煉油事業、百分之九十的輸油管線，在油罐車、石油副產品、油桶製造等相關行業中，也居於領先地位。

不過，托拉斯也引發新的管理問題，信託人允許各分公司的主管自行經營，但任何超過五千美元的支出都必須取得核准。信託人組成的管理委員會每天在午餐時到紐約百老匯街二十六號聚會，慣例是：沒有共識前不採取任何重要行動。由於托拉斯是一群公司的集合體，彼此相互關聯，但又各自獨立，必須仰賴各組成單位的有效經營才能順利運作，所以必須有「共識」。因此，雖然各分公司有一定程度的自主權，中央總管也會有相對的需求，例如：各單位必須要有利潤。

在這種新式的管理分工下，標準石油托拉斯的運作，依靠由各單位高層主管組成的各委員會，再由紐約的辦公室裡的固定人員輔助。不同委員會分別管理製造、生產、運輸、出口、潤滑油、桶罐等容器及國內市場等業務。托拉斯的最高管理階層又為企業找到新的行銷方向——設立零售網路，確保品質穩定的油品能直接供應大眾市場。這樣一來，標準石油公司的煤油及汽油零售站，由一八八二年的一百三十家，擴增為一九〇六年十萬三千五百家，而縱向整合一直要到標準石油開始把原油汲出地面才算完成。一八八一年，當探勘者在俄亥俄州利馬（Lima）附近平原找到重大油礦後，標準石油就從老家開始涉足原油開採。到一八九一年，標準石油開採的原油，已占全美原油產量的百分之二十五，一八九五年時，原油開採占標準石油盈餘的百分之十四。此時的標準石油已實踐了二十世紀企業經營原則：從原料、各種製造過程到最終消費品的一貫作業。也就是說，洛克斐勒可以控制每一滴油的「生命歷程」，從賓州的油田出土，直到在加州某標準石油零售站上一位農夫買了一加侖煤油爲止。

到一八九〇年代，五十多歲的洛克斐勒已不再管理標準石油的例行業務，因爲醫生警告他繼續工作將使其健康惡化。他和同時代的夥伴，逐漸把管理重任交由僱用的專業人士負責，完成了他首創的「所有權和管理分家」模式。此後洛克斐勒就轉向從事慈善事業，一八九二年捐款創辦芝加哥大學，又成立基金會，每年資助數百萬美元給世界各地的教育及醫療研究機構。

標準石油托拉斯被終結

標準石油組織托拉斯模式極度成功，激發其他產業的大公司爭相仿效，沒多久，菸草、鋼鐵、電信等與人們生活息息相關的產業，都被少數大企業掌控。對這種被認爲不公平的壟斷局面，美國第二十六任總統羅斯福（Theodore Roosevelt, 1858~1919，任期1901~1909）將矛頭指向標準石油和其他幾家托拉斯企業，名氣最大的標準石油當然最受注目。一九〇六年六月，密蘇里州檢察長哈德里（Herbert Hardley）宣稱，將依公司局（Bureau of Corporation）的一份報告起訴標準石油托拉斯。該份報告詳述標準石油龐大的規模和無與倫比的權力，一個由八萬八千英里長的輸油管及每年運到標準石油煉油廠六千八百二十萬桶原油所建構的複雜組織。

對於這個致力改革的羅斯福政府，標準石油無法用其他方式擺平問題，只能展開司法大戰。一九〇七年夏天，聯邦法庭判決，標準石油印第安那分支單位收取鐵路運費折扣是非法行爲，罰款二千九百萬美元。雖然標準石油律師群後來爭取到在上級法院二審的機會，但羅斯福總統的特派檢察官柯洛格（Frank Kellogg）在一九〇八年五月，訴請解散紐澤西標準石油公司（Stand and Oil Company of New Jersey）這家標準石油托拉斯的大本營，而標準石油一路上訴到最高法院。最後由最高法院在一九一一年五月十五日，判決標準石油敗訴。在文長二萬字的判決書中，最高法院稱標準石油爲「不合理」的托拉斯，命令解散三十八家分支機構，並把當初用以交換的托拉斯股票交還給股東。

弔詭和諷刺的是，標準石油托拉斯被解散之後，洛克斐勒反而更有錢了，原先在托拉斯的九十八萬三千三百八十三股的股票中，洛克斐勒擁有二萬四千五百股，而當初合組標準石油托拉斯的公司中，有許多家都原屬於洛克斐勒，在標準石油托拉斯解散後，洛克斐勒反而擁有各種石油相關產業的投資組合，這些原是標準石油托拉斯的分支企業，在脫離標準石油後依然欣欣向榮。許多企業的股票公開上市，因爲是管理完善的公司，股票深受投資人喜愛，而股價上漲使得洛克斐勒更爲富有，據統計，洛克斐勒在一九一三年的財產爲九億美元。如果在二十世紀初就有《富比士》美國四百首富排行榜（Forbes 400）的話，洛克斐勒無疑會榮登榜首。

洛克斐勒比他一手創立的托拉斯長壽，也比他同時期的夥伴和競爭者長壽，不再管理全國最大的企業後，洛克斐勒最後二十年的歲月，大都在波堪提柯山莊或佛羅里達州奧蒙（Ormond）的寓所裡，每天就是打打高爾夫球和照料花園，直到一九三七年去世，享年九十七歲。

第五章　洛克斐勒和芝加哥大學

一八八〇年底，可以說有一半的美國人希望對洛克斐勒動私刑，另一半美國人則想跟他敲一筆貸款。洛克斐勒一方面受到媒體記者、改革派政治家和競爭對手同業的圍剿，一方面又被一批批想染指他財富的陰謀家包圍。

一八八九年就有媒體報導他是全美首富，更有篇文章指他每小時入帳七百五十美元，每當這種文章出現，就引來成群結隊的兀鷹，致使這些報導引發的副作用大於正面。洛克斐勒於是有感而發的說：「巨大的財富是巨大的負擔，也是沉重的責任，萬變不離其宗，最後不是大福就是大難」。

當時洛克斐勒所到之處，總有一群人如影隨形的搖尾乞憐。對一向重視隱私的洛克斐勒來說，在街上被討錢的陌生人包圍，顯得手足無措。這些有求於他的人和他共進早餐，和他一起上下班，和他共進晚餐，甚至連進書房也不放過他。洛克斐勒感嘆地說：「這些上門請我幫忙做善事的人如潮湧至，他們把家當帶著，和我一起生活」。

來自全球的郵件堆積如山，這些求助信多半是敘述個人的悲慘境遇，想要點錢度過難關。這類郵件之多超乎想像，常常一艘船就從歐洲送來五千封求助信。在宣布一項贊助大型教育計畫後，頭一週洛克斐勒就接到一萬五千封信，到當月底已收到五萬封。這需要請專人負責過濾這些信件，而其中五分之四的信都是要錢供私人之用，洛克斐勒根本不屑一顧。

剛開始時，洛克斐勒並不知道這種給錢助人的事務所醞釀的個人危機，比起他在營利事業上所碰到的任何問題殺傷力更大。早在一八八二年初，洛克斐勒就曾抱怨他被慈善信件呑沒，而其中很多來自浸信會慈善事業。長久以來，洛克斐勒一直樂善好施，並引以爲傲，且已成爲他的消遣，不願交給手下去辦。他曾接見這些人，看信、評估不同請求的分量，再寄出支票，並接到充滿感謝的回信，這一切都不假手他人。對這個完美主義者，散財比賺錢更令他緊張。他把錢看得很重，不願輕易施捨，在採取任何行動之前，都要先調查清楚。他自覺受上帝託付，有責任將錢做最好用途。他在一八八六年曾說，除非十拿九穩，知道那是最好的用錢方式，否則不會投下分文。當財富越來越多，索求的事件也越來越多時，洛克斐勒無法再按過去方式處理，他對自己無法隨收入增加的速度處理散財感到十分沮喪。好幾年後他才想通，要有條理的以科學方式規劃，以適合其財富規模的方式捐錢，他必須就慈善事業提出全新工作原則。直到創設芝加哥大學，洛克斐勒才確立日後行善風格。

創設芝大緣起

洛克斐勒創設芝加哥大學可說和史壯（Augustus H. Strong）牧師有很大關係。史壯是浸信會知名神學家，提倡社會福音。洛克斐勒對這位耶魯大學畢業、博學多聞的虔誠教徒十分折服，不但給他收入補助，更支付他差旅費，還捐錢給他擔任院長的神學院。

一八八〇年代初，史壯牧師開始向洛克斐勒遊說一項宏大的計畫，在紐約設立一所最好的浸信會大學，由史壯主持。他相信浸信會信徒在教派競爭中已落居下風，他擔心很多的浸信會教友因而去上哈佛、耶魯或普林斯頓大學。他口中的未來大學將在紐約這個當時已躍居美國首屈一指的大都會，學校將仿約翰霍普金斯大學，只收研究生和研究學者，以招收全美浸信會大學畢業的高材生。最重要的是，這所大學將捍衛浸信會教派信仰，以免遭現代化力量吞噬，同時還要禁止異教徒教授。在整個一八八

○年代，史壯牧師對這項教育願景狂熱無比，視爲神聖使命，只要有機會，他就纏住洛克斐勒，他知道如何以宗教語言來提出他的訴求，還把個人的私利美化成上帝交派的任務。

不過，洛克斐勒對壓力十分敏感，每當他覺得受到壓迫時，態度反而較趨強硬。他憂慮史壯煞費苦心精心規劃的方案，對史壯的請求充耳不聞。洛克斐勒好幾次叫史壯擱置該議案，最後乾脆停止進一步討論。當神職人員僞稱追尋神聖的目標時，洛克斐勒總能很快看出他們世俗的野心，通常都能快刀斬亂麻，很快地打發掉，但看在史壯的學術成就和兩家關係異常親密的分上，他百般隱忍。

史壯的子女是洛克斐勒家少之又少的座上客，洛克斐勒的子女尤其喜歡史壯絕頂聰明的大兒子查爾斯（Charles）。貝絲是洛克斐勒幾個子女中唯一上大學的，她辯才無礙，沉迷於音樂，對窮人尤其樂善好施。查爾斯先是喜歡艾兒塔，後來卻移情於貝絲，兩人的愛情開花結果，在一八八九年三月二十二日，二十二歲的貝絲・洛克斐勒，穿戴八千美元的珠寶，嫁給二十七歲的查爾斯。婚禮由史壯牧師主持，共有一百二十五位賓客到場祝賀，這也是洛克斐勒所曾辦過的最盛大豪華的活動，他包了一輛火車專程接貝絲最喜歡的師友到場觀禮。

由於兩家的深厚交情，使史壯更大膽請求在紐約設立一所大學，當一八八七年貝絲成爲瓦沙爾學院新生時，史壯重提這個禁忌話題，因爲當時在芝加哥正醞釀另設一所浸信會大學，史壯非常擔心被這項競爭性的計畫擊敗。洛克斐勒斷然拒絕這項提案，但他仍敬佩史壯，不希望兩人鬧翻，因此建議那年夏天兩人和查爾斯及貝絲一起遊歐。對史壯來說，這是個千載難逢的機會，可在親近的場合強勢推銷他的計畫，他也有意藉遊歐之便，讓洛克斐勒熟悉歐洲頂尖大學，以激起洛克斐勒在美國創設大學的興趣。

受到一八八七年夏天一起遊歐鼓舞，史壯在秋天開始向洛克斐勒加強施壓，他完全誤判洛克斐勒的心理。洛克斐勒比較能接受適度低調的方式，而史壯這種泰山壓頂的強逼法，又犯了一個不可饒恕的錯，竟暗示洛克斐勒只要贊助該所大學就可以淨化他的名聲。洛克斐勒最痛恨人家提到他不名譽的事，他不覺得有必要滌清他的名節，尤其厭惡任何人反諷他行善是爲了圖謀私利的影射。四天後，洛克斐勒決定延後評估該計畫。

其實，洛克斐勒是有被史壯激發辦一所浸信會大學的興趣，而在史壯提出計畫時，卻有其他的類似計畫同時提出，其中最被看好的是在芝加哥的一所大學。也可能是有強勁對手，才使史壯那麼急切地逼迫洛克斐勒趕快接受他的議案，沒想到適得其反，落得「吃緊弄破碗」的下場。

在芝加哥建一所大學，是可以從既有基礎上改進。早在一八五六年，道格拉斯（Stephen A. Douglas）就捐了十畝地，在浸信會的贊助下蓋了一所小型的芝加哥大學，但因管理不善和債務等問題，三十年之後校地要被收回。很多校友覺得這對浸信會教友是一大羞辱，他們很自然找上洛克斐勒來拯救，因爲洛克斐勒曾捐助芝大姊妹校，一所位於市郊摩根公園（Morgan Park）的浸信會聯合神學院。不過，該所神學院的祕書古斯比德（Thomas W. Goodspeed）卻挑了一個最壞的時候向洛克斐勒求援。當時洛克斐勒正被史壯逼得走投無路，因而頭一次提案就被拒絕了。一八八七年春，在洛克斐勒赴歐前夕，古斯比德再度向洛克斐勒求助，但只得到水果、鮮花而不是現金。不過，古斯比德已經讓洛克斐勒注意到芝大作爲一所大型浸信會大學校地的優勢所在。

比較起來，古斯比德的遊說功力高過史壯很多，他能直覺體會洛克斐勒的心意，他是一位尊貴的長者，知道在遊說金主時要有技巧、知所進退，不像史壯只知硬衝。古斯比德發覺洛克斐勒對任何強硬做法都不買帳，因此耐心比高壓推銷有效。打從一開始，古斯比德就提出務實的論點，他強調在芝加哥建校經費較低，而浸信會在美國中西部都沒有任何一流大學，迫使教友得將子女送到東岸就讀。就在摩根公園聯合神學院最有才氣的教授、三十歲的《聖經》學者哈波（William Rainey Harper）要被耶魯大學挖角時，洛克斐勒久仰哈波是全美少數研究《舊約聖經》的一流浸信會學者之一，他要古斯比德不惜一切代價留住哈波這個人才。雖然哈波還是到耶魯大學任教，但和古斯比德保持密切聯繫，並堅定支持芝加哥大學的創校計畫。哈波在一八八七年一月就曾去信給洛克斐勒，表示「在這塊大陸上，沒有比在芝加哥或市郊建一所大學更重要的事。」

哈波上場

哈波在一八五六年出生於俄亥俄州紐康德（New Concord），十歲就跳級上大學，十四歲又得到學士學位，十八歲再獲博士學位。當這位天才在二十三歲到摩根公園執教時，不少神學院學生都比他年長。很多浸信會長老看好哈波是該教派未來希望，這個精力充沛的小伙子呈現出無限的能量，在三十多歲時，他已在五個城市創設聖經學校和一所函授學校。哈波還鼓動如簧之舌，勸七十位教授加入美國希伯萊研究所（American Institute of Hebrew），其經費是由洛克斐勒贊助的。

在耶魯大學任職時，哈波時常在禮拜天到瓦沙爾學院教一門聖經課，並住在校長泰勒（James M. Taylor）博士家。由於洛克斐勒常在週末去看貝絲，泰勒就引介他和哈波共進早餐，兩人可說一見如故。洛克斐勒是吝於讚美人的，但他說哈波不管是當朋友還是作伴，要找個每天交談的對象，沒有人比哈波更讓人愉悅。

戴厚厚圓眼鏡的哈波，身材矮胖，臉上線條柔和、雙下巴，渾身散發著歡樂的氣息。哈波足智多謀，技巧的避開比較自我中心的史壯所掉入的陷阱。一八八七年十月，剛結束和史壯的歐洲行，洛克斐勒邀哈波到百老匯街二十六號共進午餐。一星期後，他又擱下一切事務，單獨和哈波相處一整天，並表示隨時歡迎哈波找他談話。在探索不同城市設立浸信會大學的可行性時，洛克斐勒一直視哈波爲芝加哥派的代表。洛克斐勒之後再到瓦沙爾時，又和哈波一起騎腳踏車逛校園。

那個時候正是一八八七年「洲際商業法」展開辯論之際，各界都將矛頭指向標準石油，也是洛克斐勒考慮一項重大慈善捐贈的大好時機。被報導爲全美首富的他，承受著莫大壓力，很需要證明他並非爲富不仁，在教育這個安全中性的領域是很理想可爲的，而洛克斐勒其實早已慷慨贊助過好幾家大學，其中最值得一提的是亞特蘭大史波曼神學院（Spelman Seminary），是以其妻家姓命名的。不過，洛克斐勒不可能創設一所大學，他沒讀過多少書，也沒上過大學，縱使經營企業一把罩，但在學理方面卻闕如。或許就因爲如此，洛克斐勒從未主動建議年輕人上大學，也沒有大學可以理直氣壯的向他招手。

洛克斐勒雖然可以選擇對各地大學散財，但這種天女散花的方式和他的理念格格不入。在商場中，洛克斐勒認爲不應硬挺一家將會被淘汰的企業，他在一八八六年曾表示，組織太多體質不健全的機構，而不去強化或建立良好的宗教組織是大錯特錯。他對教育機構也持相同看法，對慈善事業也是一樣。當時的洛克斐勒已疲於應付成群結隊向他要錢的人，他意識到他需要更宏觀、更有效率的方式來捐錢。雖然史壯和哈波都在他腦中灌輸一個更大型計畫的遠見，但他還需要一位好手來幫忙料理相關事務，這個人就是浸信會牧師蓋斯（Frederick Taylor Gates）。由於蓋斯的細心照料，洛克斐勒的慈善事業才得以開花結果。

蓋斯出場

正當洛克斐勒對資助大型大學成立尚舉棋不定的關鍵時刻，一群浸信會長老於一八八八年五月在華府會商籌組「美國浸信會教育協會」。這個新協會成立的推手莫豪斯博士也是「美國浸信會國內傳教會」執行祕書，他曾在創設史波曼神學院時給洛克斐勒建言，他認爲浸信會教育情況很糟，亟需改革。對洛克斐勒來說，這個新協會正是作爲捐贈大筆經費給已做過深入研究的傑出浸信會學府的一個方便管道。

莫豪斯任用年僅三十五歲的浸信會年輕牧師蓋斯，才上任不久，蓋斯就極力主張在芝加哥設立一所浸信會大學，以彌補顯著的大學教育缺口。美東的教會財力比較雄厚，但教友數目成長最快的卻在密西西比河流域和五大湖區。在撰寫報告時，蓋斯懷抱著檢察官的熱忱和牧師的熱情，就浸信會教育進行祕密調查，證明古斯比德說的是對的。由於很多浸信會學校位於窮鄉僻壤，中西部的會衆經常加入其他教派，而芝加哥二十年來面積增爲三倍，躍居美國第二大都會，居民一百七十萬，已成爲設立一所大規模大學最理想地點。

蓋斯在報告中詳列他的發現，做了詳實的研究，深得洛克斐勒的認同。雖然蓋斯對洛克斐勒不熟悉，但他深信洛克斐勒應該比較能接受大膽的計畫而非模稜兩可的計畫。因此，蓋斯規劃的這所新浸信會大學，是全美國教育網的核心，一八八八年十月十五日他在芝加哥一場浸信會大會上發表一篇慷慨激昂的演說，講題是「芝加哥應設一所浸信會大學，美西浸信會大學教育研究報告」，聽者無不動容。

這篇報告對洛克斐勒決定在芝加哥建校固然產生決定性影響，但哈波的助力卻不可忽視。在蓋斯發表演說兩星期之後，哈波和洛克斐勒又在瓦沙爾學院共處十個小時，之後兩人還一起搭火車到紐約。就在此時，洛克斐勒首次宣布，他有意在芝加哥辦一所浸信會大學。洛克斐勒之所以看中中西部，有三大原因：一是他擔心在固執急躁的史壯主持下，在紐約開辦任何大學會有不少麻煩；二是他擔心在美東興學可能背負太沉重的傳統包袱，而芝加哥的學府可以開創完全符合時代精神的路線；三是政治面因素，洛克斐勒必須說服社會大眾，他完全不會干涉校務，或把這所大學變成鼓吹個人企業利益的傳聲筒，而芝加哥遠離華爾街，不致授人以柄，指其被所謂利益團體操控。

在接下來的那個月中，洛克斐勒又兩次和哈波共處一整天，兩人就擬議中的大學進行馬拉松的協議。越談越起勁的洛克斐勒，最後提出一套三管齊下的方案，除了在芝加哥分別創設一所學院和大學，在紐約再設一所神學院，很明顯的這是在安撫史壯，另外再爲美西學府創設教育信託基金會。洛克斐勒走訪康乃爾大學，一方面觀摩考察，一方面爲芝加哥大學網羅三位浸信會教授。爲了證明他言而有信，洛克斐勒拿出芝加哥大學頭一期四百萬美元所需款項的三百萬美元，一八八八年十二月三日，美國浸信會教育協會正式批准芝加哥創校計畫，而該協會也成爲洛克斐勒捐輸的正式管道。

就在芝加哥建校計畫蓄勢待發的關鍵時刻，洛克斐勒卻開始疏遠哈波，因爲哈波重蹈史壯覆轍，太過獨斷獨行，最大的癥結在哈波希望一開始就建一所完全大學，洛克斐勒卻希望先設學院，再逐步擴充。最後，哈波識大體的退讓了，換由蓋斯全權負責遊說工作。蓋斯很能精準解讀洛克斐勒心意，他直覺認爲，洛克斐勒受哈波不切實際的計畫深深困擾，他就給洛克斐勒一份芝加哥學院的小型簡明草圖。洛克斐勒於是鬆了口氣，在一八八九年一月二十一日邀請蓋斯和莫豪斯共進午餐，用餐中，洛克斐勒邀請蓋斯陪他搭火車到克里夫蘭。搭車初始，兩人都未討論重要問題，第二天早上快到克里夫蘭時，洛克斐勒開始連珠炮似的向蓋斯提出一連串有關「美國浸信會教育協會」的問題，他希望能再獲得保證，該協會董事會公正無私，也沒有任何檯面下議程，他也希望蓋斯能到學校實地考察，不要只靠二手傳播報告。在獲得有力的保證下，洛克斐勒決定讓浸信會教育協會成爲他優先做任何宗教捐贈的工具，這也是他邁向大規模行善之路的第一步。透過可以提供專業建議的機構捐錢，這樣也就可以緩和他遭到求助者侵擾的衝擊。

一八八九年五月一個天氣晴朗的早晨，洛克斐勒和蓋斯兩人早餐後在洛克斐勒住家前來回漫步，兩人就建校頭期捐款討價還價，蓋斯堅持要六十萬美元捐款，另外四十萬美元則向其他地方籌募，兩人一起到洛克斐勒辦公室將金額形諸文字。第二天，蓋斯拿這份文件在波士頓特列蒙堂浸信會教徒前，大聲宣布「我手中拿著一封最偉大的教育贊助者洛克斐勒的一封信」，臺下掌聲雷動，「在這封信中，他根據我們董事會所通過的決議，同意贊助六十萬美元」，所有神職人員都狂熱的揮舞手帕、吹口哨、鼓掌叫好。這群充滿喜悅的神職人員全體起立高聲唱讚美詩。一夕之間，在企業界種種不好風評的洛克斐勒，在很多浸信會教徒眼中，已經頂著金色光環。

一八八九年六月，就在洛克斐勒宣布捐大錢建立大學之後幾週，鋼鐵大王卡內基（Andrew Carnegie, 1835~1919）在《北美評論》上發表〈財富〉（Wealth）這篇文章，寫道：「隨著工商業巨擘的財富遽增，被踩在腳底下的工人薪水微薄，貧富差距越拉越大，將危及資本主義。爲了緩和社會緊張情勢，應更廣泛的散布經濟利益。」他並鼓吹富人在有生之年捐出巨款，贊助有意義的活動，以免他們的錢被繼承人敗光。卡內基認爲，「此時腰纏萬貫將遺臭萬年」。洛克斐勒深受卡內基影響，當卡內基圖書館於一八九六年在匹茲堡啓用時，他寫了一封賀函，寫道：「我希望更多有錢人理財時能向你看齊，但我相信，你的好榜樣一定可以開花結果，有朝一日這些富豪會更勇於捐輸，以造福人群。」他尤其激賞卡內基圖書館計畫的無遠弗屆和井井有條，在這些計畫下，全球將成立約兩千八百所圖書館。

不過，洛克斐勒和蓋斯私下卻指責卡內基行善是爲了滿足虛榮心，蓋斯曾向洛克斐勒說：「卡內基的摯友告訴我，大家心裡有數，他種種善行都是爲了在全美各地都能把他的名字鐫刻在大理石上。你有沒有發現，他老是在捐大樓，修繕費用卻是別人出的。」相較之下，洛克斐勒行善較不想讓人知道。如果換作另一位大亨，可能會要求將大名刻在芝加哥學院上，尤其當時正是反托拉斯法和鐵路改革法案在紛擾中通過。但這反而更強化洛克斐勒的決心，他要證明他無意沽名釣譽、曲意逢迎。芝加哥大學落成後，洛克斐勒唯一一次露出的虛榮心，是同意監事把他的名字附加在校印、官方文件和信紙上。曾有人建議在大學校印上加一盞燈，但被洛克斐勒拒絕，他深恐有人庸俗的以爲它暗指石油。洛克斐勒雖然是催生芝加哥大學的最重要大亨，但他不准校園內有任何建築物以他命名，就連「洛克斐勒紀念教堂」（Rockefeller Memorial Chapel）也是他死後追加的。

那個時候美國富甲一方，躍居世界強權，但比起歐洲來，美國的文化建設遠遠落後，正是富人行善的絕佳時機，不少富商熱心捐贈學校和博物館，所以洛克斐勒並非唯一在十九世紀末創設一所一流大學的富豪。舉凡霍普金斯（Johns Hopkins）、史丹佛（Leland Stanford）、普拉特（Charles Pratt）等也都捐建名校。不過，洛克斐勒不願零星的個別捐贈，他希望贊助的機構之研究工作能產生長遠廣泛的影響，他說：「我覺得贊助大學院校，讓他們的高材生到各地去傳播文化，是掃蕩無知和普及實用知識的不二法門。」他認爲直接施捨錢財，是沒有創意的用錢方法，他覺得必須深入探討人類苦難的根源。洛克斐勒強調一個基本的指導原則，那就是盡可能嘉惠更多人。他不贊同直接拿錢給乞丐，認爲應根除導致乞丐流落街頭的成因，這也才可以成就更深、更廣、更有意義的大業。

洛克斐勒把企業管理經營理念應用到慈善事業，他希望行善時儘量減少不必要的浪費和重複，他尤其不認同大部分的慈善工作事前並未做詳細研究。芝加哥大學的創建應是洛克斐勒最具代表性的計畫，他不但藉之明示他的做法，並且訓練蓋斯父子和其他顧問作爲他之後行善的代理人。

打從一開始，洛克斐勒就誓言不重蹈其他有錢人的覆轍，不讓接受捐贈的機關永遠不能斷奶。他的理想是創設一些可以獨立自主，甚至超越他的機構。在同意投入六十萬美元贊助芝加哥大學創校後，洛克斐勒給美國浸信會教育協會一年的時間，從一八九〇年六月一日開始，向其他地方另募四十萬美元相對善款。爲達此目標，蓋斯暫時搬到芝加哥，和古斯比德合力展開艱巨的募款行動。他們所遭遇的最大阻力，是校方有關法人的規定，三分之二監事和校長必須是浸信會成員。有些捐款大戶是猶太人，但芝大的這項規定卻有著強烈宗教排他性。洛克斐勒堅持這所大學要由浸信會贊助，但要以最大的自由寬容精神接收來自社會各階層的學生，芝加哥出手大方的浸信會教徒極少，很多有能力捐錢的金主非但沒受到洛克斐勒拋磚引玉的激勵，反而認爲這所正在草創階段的大學，永遠不虞缺錢。蓋斯日後感嘆說：「和投入這所大學的千百萬美元捐款比起來，這其實是勞心的工作，充滿焦慮、痛苦、眼淚、禱告，還磨破好幾雙鞋。」一八九〇年一月，菲爾德在芝加哥南方捐十畝地，才搞定新校舍的興建，而且也鼓舞了洛克斐勒的信心，同意和菲爾德共同審核擬議中的監事名單。

洛克斐勒和哈波角力

洛克斐勒對芝加哥大學建校計畫的不確定性深感不安，到底要由誰來主持校務，除了他自己外還有誰會出資贊助，都讓人傷透腦筋。哈波似乎是主持校務最理想的人選，這位明星推銷員成功說服洛克斐勒轉向投入這項建校事務，也獲得洛克斐勒的絕對信任。雖然史壯曾經對洛克斐勒抹黑中傷哈波，卻不但沒動搖洛克斐勒對哈波的信任，甚至反而更強化洛克斐勒對哈波的信任。畢竟哈波一直是洛克斐勒屬意的芝大校長人選，哈波一談起對這所新大學的宏大願景時，和洛克斐勒完全一致，儼然要使芝加哥大學成爲學術界的標準石油。哈波建議，芝大應由數個學院組成，但管理方式要一致，也就是說，組成教育界的托拉斯。洛克斐勒雖然認同該願景，但基於現實考量，他主張按部就班，先以建立一所學院爲起步，往後再逐步建成完全大學，這是在一八八九年一月決定的，洛克斐勒解釋說：「太多的求助信壓得我喘不過氣來，我實在不需要再設一所完全大學來吸光畢生積蓄。」

哈波對於要不要出任芝大校長，曾有過一番掙扎。他是一位很有原創力的神學理論家，也是個很有魅力的教授，他不願失去和學生接觸的機會，但他也有旺盛的企圖心。耶魯大學爲了留住哈波，決定給他六年豐厚的全套報酬，讓他可以立刻擔任兩個德高望重的教職。洛克斐勒聽聞此事，立刻去信哈波，寫說：「如果我無法相信你會留在我們這邊，我會很傷心，因爲我始終相信你會，千萬別讓我失望。」當哈波兩個禮拜後和他面談時，洛克斐勒懇求他不要對耶魯大學做出任何永遠的承諾。

洛克斐勒是以經營一般企業注重成本的態度來對待一間大學的興建，深怕錢財很快耗光而無以爲繼，而哈波就只在乎一流大學所需要的硬體設備及人才的到位，根本不去想財源何在。最後在洛克斐勒模糊答應建「大學」並付哈波高薪下，哈波終於點頭擔任校長，並於一八九一年正式就任，他還兼任教授。哈波希望芝加哥大學一開始就是一所最高學府，與耶魯、哈佛、普林斯頓、約翰霍普金斯、密西根、康乃爾大學相當，他向洛克斐勒誇口說：「十年內芝加哥就會有一所令人刮目相看的學府。」

哈波每天工作十六個小時，在一年多的時間內就面談並任命一百二十多位教職員，他向不少長春藤名校挖角，尤其是耶魯和康乃爾大學失才最多。這些被挖角的學府指控哈波手段卑鄙。那些猶豫不決的可能人選，哈波以重金禮聘，於是芝大未來更需要大量資金挹注。在第一批教職員中，哈波聘請了九位學院校長，他聘杜威（John Deway）和米德（George Herbert Mead）到哲學系任教，聘小說家哈里克（Robert Harrick）任教英語系，請史默（Albion Small）創立第一所社會研究所，還重金禮聘重量級經濟學家韋伯倫（Thorstein Veblen）。

洛克斐勒非常景仰哈波，但對他大方撒錢、漫無節制卻十分困擾，深恐自己將成爲這所學府唯一的贊助人，在幾年後自己的錢被榨光。兩人見面時都避不談錢，只談教育政策，財務問題交由蓋斯和哈波去角力，而洛克斐勒在暗中評估。一八九一年春，洛克斐勒開始擔心，哈波把他的錢當成彌補年度赤字的空白支票。當他和蓋斯眼看哈波每年從芝大拿一萬美元高薪，竟然還不放棄每年四千美元收入的忙碌演講，且打算接受三千美元酬勞去主持英語聖經班，甚至計劃來一趟豪華的歐洲之旅時，感到意外和不可置信。該年夏天，就在洛克斐勒氣急敗壞時，蓋斯和哈波見面，勸說哈波儘量減少校外活動，但哈波對蓋斯的建議置若罔聞，完全不予理會。

哈波之所以會恣意揮霍，與洛克斐勒要他「不惜一切找來最好人才」有關，使他誤以爲在花錢上可以毫無顧忌。而蓋斯希望哈波不要巡迴演講，則是擔心哈波「非正統的異教論點」會讓有意捐輸者擔心，新大學的浸信會教義已淡化，並質疑哈波在教義上的純粹性。不過，當蓋斯向哈波表達他的疑慮時，哈波卻向洛克斐勒清楚表明他自由派的宗教觀，以免洛克斐勒日後對他背離正統的宗教信仰感到震驚。

芝加哥大學計畫讓洛克斐勒備受折磨，加上身體不適，幾乎使他崩潰。一八九一年四月，蓋斯和洛克斐勒面談後表示，「洛克斐勒是慈善事業的化身，但看來十分哀傷頹喪。他甚至告訴我，他對大學財務問題憂心如焚，終至病倒，也是這點促使他暫別他的事業，驅車前往克里夫蘭。我們不要再咄咄逼人，強向他要錢，讓我們看看是不是可以自己撙節開支，以最小的赤字度過第一學年。」其實，從一八八九年初開始，洛克斐勒就不斷抱怨身心疲憊、抑鬱，一八九〇年初，由於不明病因而離開工作崗位好幾個月。那年年底，洛克斐勒同意星期六不再工作並多次休假，但這些症狀一直困擾他直到第二年春天。

一八九一年，標準石油最高層主管開始縮編，當年普拉特突然去世，佛拉格勒則逐漸把重心轉到佛羅里達州旅館業和鐵路事業上，而艾奇巴德被指定爲法定繼承人。洛克斐勒開始將權限轉給精力充沛、勇猛好鬥的這位接班人，當時五十二歲的洛克斐勒覺得自己的成就毀多於譽，同時不斷被法院傳票和國會聽證會圍剿。雖然他不理會批評他的人，並且自信人格完整無瑕，但面對全球各地的非難，長期佯裝漠不關心終究危及健康。

爲錢傷神

洛克斐勒對賺錢很在行，但如何花錢則深深困擾著他。一位和洛克斐勒私交甚篤的克里夫蘭上流社會名媛就曾說過這麼一段故事：她有一次搭電車就坐在洛克斐勒旁邊，車掌來收車票，洛克斐勒給二十五美分，車掌以爲他要幫她付車費，就扣了兩個五美分的車資，找了十五美分給洛克斐勒。洛克斐勒立刻說：「你少找我五美分」，車掌解釋說：「我扣了兩份車資，找你十五美分沒錯呀！」洛克斐勒回說：「我又沒叫你扣兩份車資，你要記取這個教訓，除非當事人開口，千萬別認定某位乘客要付兩個人的車資。」

對於每份寄到家的帳單，洛克斐勒都一一親自核對，他常巡視走道，隨手關掉煤氣燈。這種習慣不只是反射性的小氣動作，是植基於他對金錢價值根深柢固的信念。當洛克斐勒發現他和家人及馬匹一起搭火車被超收一百一十七美元時，立刻派遣標準石油的會計部門去追討回來，他解釋說：「我要用這一百一十七美元在美西蓋教會。」這其實也顯示，在洛克斐勒的腦中，存錢和行善是密不可分的。

由於洛克斐勒對金錢非比尋常的重視，他很難適應芝加哥大學和其他慈善事業所帶來的心理負擔。從一八八九年到一八九二年，洛克斐勒的捐款不斷膨脹，由一八八九年的十二萬四千美元飆漲到一八九〇年的三十萬四千美元，一八九一年再升到五十一萬美元，到一八九二年當他捐款建芝大時，更直線上升到一百三十五萬美元。很明顯的，他很需要找人幫忙處理排山倒海而來、快速吞沒他的申請信。一八八九年底，洛克斐勒開始把這些求助信交由蓋斯處理，到一八九一年三月，由於健康亮紅燈，也同時看清人類的極限，就找蓋斯到紐約貼身幫忙，在決定是否濟助善款時負責面談和調查，並做成報告以作爲採取行動的參考。蓋斯於是在一八九一年三月舉家搬到紐澤西州蒙特克萊（Montclair），並在百老匯街二十六號附近的坦帕巷（Temple Court）掛牌辦公。蓋斯從此結束神職生涯，並一下子成爲全球最有權勢者之一。起初，蓋斯只保留在美國浸信會教育協會祕書職銜，並在全美各地幫洛克斐勒散財，到一八九二年，他們那個教派就擁有比美國任何其他宗教規模更大、分配更完善、更有組織、效率更高的教育資產。到了一九〇〇年之後，他們才拓展到革命性的領域，澈底改變老式的教會行善，成爲現代化的慈善事業。當時蓋斯組成一個顧問小組，專門傳授洛克斐勒行善的方針，照他的方式接受訓練，並燃燒著教會的狂熱。

一八九一年，洛克斐勒遵照醫囑休長假，在林丘待了八個月，洛克斐勒家族認爲這是治病的最好方法，他的機要祕書奉命，除非有特別重大緊急的問題，否則一律擋掉。這是二十一年來第一次，標準石油從洛克斐勒腦中淨化，他和農場主人一起下田，騎單車、吃最簡便的食物。這種生活方式的確讓洛克斐勒恢復了健康，該年夏末，他整整胖了十五磅，氣色好多了，也恢復正常工作進度。一八九二年二月二十三日，洛克斐勒要蓋斯寫信給芝大監事，同意追加一百萬美元，並附帶說：「這筆捐贈是爲了感謝全能的上帝讓我恢復健康。」

這次的休養也使洛克斐勒想到「退休」這件事，他已經不需要再耗下半輩子累積更多財富。他告訴蓋斯，他已到知天命之年，應該不用再積極插手企業。除了賺錢，他要更廣泛的投入更有興趣的事情。雖然洛克斐勒此時渴望退休，但接踵而至的幾次危機，使他又被標準石油綁住三、四年，直到一八九七年才完全不用到百老匯街二十六號上班。在這段期間，洛克斐勒越來越少到辦公室，生活重心逐漸轉到散財上。

芝加哥大學落成開張

一八九二年十月一日芝加哥大學落成，創辦人洛克斐勒婉拒參加落成典禮，以證明他不插手校務。由於哈波請來的教授都是望重士林的知名學者，使芝大立即躋身全美一流高等教育學府之林。第一天上課，有七百五十名學生，其中四分之一是女生，另有十位猶太裔學生、八位天主教徒和少數黑人。

這所大學的校園是由建築師柯伯（Henry Ives Cobb）規劃建造的，只花了一年多時間在一八九二年完成五棟重要大樓，另外五棟在次年完工。新學府位於一八九三年「美國博覽會」鼎鼎大名的「白色遊樂場」（White City）旁，在遊樂場上，標準石油也盛大展出一個小型煉油廠，周遭則是希臘愛奧尼亞式的一排排廊柱，間或穿插著煤油燈和花卉。從中間的摩天輪，遊客可以鳥瞰這所以標準石油所賺的錢興建成的新學府。這個遊樂場也是柯伯協助規劃的，這兩大計畫似乎融爲一體。

芝大開學後，哈波校長更忙了，由於他充滿幹勁，要求又高，他多管齊下，不管要花多少錢。他提出新方案，建議增建一所專科學校、一所夜校、一所函授學校，開「成人校外講座」，並辦大學出版部，附設實驗室及美術館。哈波希望學校教授能到其他州的附設學院兼課，他也相信學校應回饋周遭城市，社會學家應走出校園到貧民區、社會福利機構從事田野調查研究。

洛克斐勒雖然以芝大為傲，但對漫無節制的預算卻深以為苦。哈波在聘請一位名學者來校時，校方就得為新來的人添購器材設備，而哈波往往漏列這些支出，這給洛克斐勒增添困擾，難免對哈波不滿，兩人產生衝突也在所難免。洛克斐勒是企業家，對財務特別敏感，再三提醒哈波要撙節開支。當美國在一八九三年出現經濟危機時，連芝加哥大學也被迫拖欠薪水，為了度過危機，洛克斐勒在當年十月撥五十萬美元救急，雖然他曾發誓，絕不挹注行政赤字，但被迫放棄誓約，在隨後兩年挹注學校的預算赤字。

雖然芝大一再邀請洛克斐勒到校參觀這所他一手創造的傑作，洛克斐勒拒絕了好幾年，因為他不太願意芝大被貼上他的標籤，而且洛克斐勒非常注重隱私，尤其痛恨公開場合。一八九七年七月，哈波終於說服洛克斐勒和妻子羅拉出席芝大第一屆畢業班五年來第一次慶祝活動時，是答應洛克斐勒不用發表演講，而洛克斐勒只想默默的在校園蹓躂幾個鐘頭，欣賞自己的傑作。

在悶熱的七月天，當數名學生和教授戴方帽、穿長袍，魚貫走進位於中庭的一個大帳篷時，只有洛克斐勒穿著簡單的大禮服，頭戴高絲帽。他邁步前進，眼睛盯著地上看，對他所引起的騷亂有點不知所措。當他站在講臺上時，臺下三千個師生都出神地看著這位傳奇人物，在十分窒悶酷熱的帳篷內，千百把棕櫚葉團扇在觀衆席間起伏波動，洛克斐勒開口講話了：

「謝謝理監事委員會、校長及在座所有共享這個美好開始的各位貴賓，這只是起步，」（一陣熱烈掌聲打斷他的話）「其他就要看你們的表現了。」（觀眾席鴉雀無聲）「各位有權完成它，不只是你們，還有貴子弟。我相信工作，這是我這一生最好的投資。爲什麼大家不爲芝加哥大學出錢、出力、出時間，爲什麼不？這是千載難逢的大好機會。再去哪裡找更好的理監事、更優秀的教職員組合？我有幸參與這件事深感榮幸。」（現場爆出激賞的笑聲）「上帝賜給我財富，我怎麼可能不給芝大？」

洛克斐勒其實是很不自在的，但他給人留下了良好的印象。在那一天，他不但主持奠基儀式、聽人傳道，還發表兩篇比較簡短的演說。他那晚住哈波家，對他家沒有鐘感到困擾，就送給哈波太太一千美元支票，請她去買個鐘。隔天一早，洛克斐勒騎單車逛校園，後頭跟著學校一大群行政主管，踩著輕快步伐前進，沿路向歡呼的學生打招呼。洛克斐勒深受學生自然流露的溫暖熱情感動，所到之處，學生都高喊著：「洛克斐勒，一個大好人，他把所有家當捐給芝大。」

作爲慈善家，洛克斐勒明哲保身，決定和芝大保持安全距離，以「沉默的合夥人」自居，雖然有時禁不起誘惑，但他並未干預學校人事的派任或表達意見的自由，儘管偶爾有芝大學生抗議他壟斷石油業的做法，洛克斐勒雖然覺得無奈、被誤解或抹黑，但他並未採取任何行動，或許他擔心會危及學術自由或有損他個人聲名，無論如何他都忍了下來。

要在一八九〇年代辦一所大學並不容易，當時的高級學府有不少強烈批評大企業的學者。洛克斐勒的企業界友人，有不少就認爲大學只是搞顛覆的溫床，連他的弟弟威廉也斥責他贊助創設芝大「只不過是找來一大堆蹩腳文人、一群社會主義學者，他們成事不足，敗事有餘」。洛克斐勒爲此陷入天人交戰許久，在權衡輕重後認爲，

「那些無足輕重的作家執筆把毒素輸到一般人腦子裡，但這些學府培育的其他無數人則可以造福人群。至少我們希望如此。」

芝加哥大學一向標榜自由校風，包容不同理念的教授，其中當然有對大企業或富人有所批判者，例如：上文提過的韋伯倫。一八九九年他還在芝大時，出版了一本著名的《有閒階級論》（*The Theory of the Leisure Class*），書中將當時崛起的企業龍頭視為野蠻的史前人類，在他們闊綽炫耀的消費習慣下潛伏著原始衝動。

洛克斐勒自始就和芝大保持距離，尤其不伸手干涉校務，但一八九五年，年輕的政治經濟學者貝米斯（Edward Bemis）被辭退時，卻引發極大爭議。貝米斯力主由各市鎮擁有天然氣，並對標準石油控制的聯合天然氣改進公司大加撻伐。他被芝大解聘，官方理由是貝米斯愛搞社會運動，不能專心做學術研究，無法達到芝大要求的標準，而貝米斯是由哈波校長親自解聘的。不過，貝米斯離開芝大後，在水電瓦斯等公用企業管理上成就斐然，因此有人懷疑，他被解聘背後可能有政治因素，但並無證據證明洛克斐勒是影舞者。比較可能的是，哈波預料洛克斐勒可能勃然大怒，於是由他先請貝米斯走路，因為就在一年前，當普爾曼火車罷工時，貝米斯曾發表煽動性演說，痛批鐵路當局的做法，當時哈波就曾警告貝米斯別亂搞政治活動。哈波在一八九四年七月曾寄信給貝米斯，表明這種明目張膽的行徑會妨礙他爭取地方企業界的支持。

儘管洛克斐勒非常不滿哈波撒錢辦校的方式，甚至演變至兩人決裂，但不能否認哈波把芝大經營得有聲有色，自始就躋入世界各名校之林，尤其在經濟領域上更執牛耳，是自由經濟的中心，在一九六〇年代達到巔峰，是「淡水學派」的龍頭，而「芝加哥學派」更是名聞遐邇，指的是芝加哥經濟學派，而自一九六九年開始頒發的諾貝爾經濟學獎，迄二〇二二年，獲獎的九十二位學者中，芝加哥大學教授還居最多數呢！

第六章　洛克斐勒的慈善事業

洛克斐勒出身貧困的移民家庭，在不正常的家庭中長大，但在基督教浸信會的引導下，從小就篤信上帝，律己甚嚴，不抽菸、不喝酒、不跳舞，更不做無謂的應酬，自認承受上帝的感召，憑著經商長才成就大企業。洛克斐勒賺大錢，成爲富可敵國的全球首富，並沒有驕縱奢侈，反而是節儉自律，將賺來的錢用於助人。他從小就會捐錢，到經營標準石油托拉斯賺大錢，從創建芝加哥大學開始，已經不是捐錢了事，而是進入從事「慈善事業」的艱難工作，這種助人、尤其是幫助窮人弱勢者的事業，比一般的商業，難度超過百倍。即便洛克斐勒當時已逐漸淡出一般企業經營，但一來他身體健康亮起紅燈，二來這種慈善事業必須特殊的專業經營，而且非一人所能獨爲，慈善事業顯然帶給洛克斐勒巨大的壓力，非有人爲他分憂解勞不可。就在此關鍵時刻，蓋斯出現了，如上一章所言，蓋斯在芝大創建計畫中後期幾乎成爲洛克斐勒的化身，而蓋斯也就是洛克斐勒慈善事業最重要的關鍵人物。

蓋斯和洛克斐勒從外表看正好南轅北轍，蓋斯喜歡炫耀笑鬧，洛克斐勒則冷靜內斂、不苟言笑。這個主管慈善事業的軍師，常給人以懷疑的眼光盱衡世局的印象。蓋斯身材高大、肌肉結實、聲如洪鐘、急性子、暴躁易怒、固執、容易情緒激動，在鼓吹一項善行時不容出現中間地帶。和洛克斐勒一樣，蓋斯具有兩面性：一面是精明世故，另一面是高貴但有強烈企圖心。

一八五三年蓋斯在紐約上城出生，父親是個品格高尚但一文不名的浸信會牧師，在一個貧困的小鎮以粗茶淡飯勉強維生。蓋斯自幼就反抗清教徒傳統視世俗生活爲可悲沉淪的論調。十五歲時蓋斯被迫輟學，幫忙賺錢還債，一連好幾年，他教書並曾到一家雜貨店和銀行當伙計，因而累積了寶貴的實務經驗。之後蓋斯就讀堪薩斯州高地大學，一八七五年轉學到羅徹斯特大學，並在此重燃對宗教的熱忱。他是虔誠的浸信會教徒，不跳舞、打牌、看戲，兩年後轉學到羅徹斯特神學院，深受史壯院長的影響，一度沉迷於史壯的神學理論中，但後來卻超脫出來。蓋斯最後從事布道工作，他並非要隱遁去過超脫俗世的生活，而是要走出貧窮和單調辛苦的框框。一八八〇年從神學院畢業後，蓋斯到明尼蘇達州傳教，在結婚十六個月後，妻子因大量內出血死亡，讓這位新出道的牧師信心動搖，並懷疑美國所有醫生是否適任，這種懷疑論對日後洛克斐勒的慈善事業影響深遠。

蓋斯是個年輕英挺的男人，在熱心推動「使罪人洗心革面運動」後，很快打起精神，拋棄神學院的學術包袱。他發現，要成爲成功的牧師，應該潛心研究那個時代的經濟、知識和社會主流力量。身爲現代化聖經學者的蓋斯，援引科學和歷史，理性的闡述神聖的經文。他賣力工作，清償教會的債務，並爲《明尼亞波利斯紀事報》撰稿。

在明尼蘇達州待了八年後，在一八八八年的某一天，上帝讓他遇到了貴人，這個人是建立麵粉王國而富甲明州的浸信會信徒、明尼亞波利斯市長皮爾斯伯利。他私下告訴蓋斯他得了絕症，想把二十萬美元遺產捐給當地一所浸信會學院，想聽聽蓋斯的意見。蓋斯勸他先捐五萬美元，條件是浸信會教友要募集相對基金，再把剩下的十五萬美元寫在遺囑裡。蓋斯被徵召去募集這五萬美元，表現非常突出，也因而辭去布道工作，去擔任新成立的「美國浸信會教育學會」執行祕書。過不久如上一章所言，他就和洛克斐勒及芝加哥大學創建搭上線。

一開始，來自五大洲的浸信會傳教士成群結隊湧入蓋斯辦公室，因洛克斐勒獨厚浸信會，常一擲千金推動浸信會所贊助的善行。由於碰到不少貪婪狡猾的浸信會傳教士，洛克斐勒開始摒棄捐贈時的強烈宗教色彩。到一八九五年，洛克斐勒告訴蓋斯，他想捐錢給五大新教派，這也正是蓋斯所希望的，因爲他越來越相信「基督既未創立也無意創立浸信教會或任何教會」。

蓋斯遇洛克斐勒仿如千里馬遇伯樂

當洛克斐勒和蓋斯在一八九一年開始合作時，洛克斐勒五十二歲、蓋斯三十八歲。蓋斯一向自恃聰明過人，在洛克斐勒冰冷周密的檢視下，初始仍感到不安，隨著時光流逝卻越來越自在，終而誓死效忠洛克斐勒。他很早就跟洛克斐勒說：「不管做什麼，我都會盡力而爲，但不要對我太有信心，我自己都不怎麼有信心，讓我從無關緊要的事做起。」長久以來一直不滿牧師微薄薪俸的蓋斯，如今已可坐領高薪，當時他的父親年薪不到四百美元，而洛克斐勒一開始就給他四千美元年薪，到一九〇二年甚至來到三萬兩千美元，難怪蓋斯會說：「除了家父，從來沒人對我這麼好。」

爲了回報洛克斐勒的知遇之恩，蓋斯分外賣力工作，他煞費苦心的結合道德情操與智慧，每天晚上埋首醫藥、經濟、歷史和社會學方面的典籍中，希望找到慈善事業的上上之策。蓋斯生性多疑，認爲世上蛇鼠之輩橫行，常用尖銳的問題質問申請人，以測試是否有詐。蓋斯一向直言無諱、絕不妥協，對洛克斐勒忠言直諫，更是解決問題的好手。蓋斯完全相信洛克斐勒的慈善和睿智，他自認熟識不少富豪，但對洛克斐勒沒有私人遊艇和火車包廂印象深刻，總是爲洛克斐勒仗義直言。蓋斯雖然不相信洛克斐勒的經營手法完全清白合法，但他相信，不管洛克斐勒的做法如何，只是反映了那個時代的企業道德。由於蓋斯上場時洛克斐勒正要退隱，因而他未能和標準石油接觸，也使他認定洛克斐勒在標準石油的做法，必定是和後來的風險性投資一樣，蓋斯也因此傾向於相信洛克斐勒是清白的。

一八九〇年代初，環繞在洛克斐勒周圍的都是像蓋斯這種誠懇而願意大力捍衛他的新秀。洛克斐勒請這些從未在標準石油工作過的新人，才有機會從頭開始，使他可以言行如一，凡事都合乎道德標準。在蓋斯領軍下，這些幕僚讓洛克斐勒在捐贈或投資千百萬美元時都十分審慎，以全新的道德管理掛帥，當兒子小約翰到標準石油總部後，洛克斐勒更覺得應該比以前表現得更合乎倫理道德。

洛克斐勒鼓勵這批新生力軍獨立，在小心翼翼的訓練後，他給這批慈善大軍很大的空間。隨著洛克斐勒準備退隱，他的財富也以驚人的速度累積，也正因爲財源滾滾而來，他因而面對更大的行善壓力。由於有數百封申請信從世界各地湧至，洛克斐勒要蓋斯承諾，永遠不要把那些懇求的信交給他，或透露他的地址。雖然洛克斐勒仍不斷散發數百甚至上千美元的個人資產給有需要的親朋好友甚至陌生人，但他越來越奉行他在一八八九年所揭示的政策，此即「只透過有組織的機構捐贈」。蓋斯也忠誠的執行這項政策，對申請小額補助的一蓋不受理，他將之稱爲「零售業」。

蓋斯發現，洛克斐勒常被人群包圍，但知交沒幾個，他本人更被財富孤立著。一九一〇年左右，蓋斯到美南一家旅館去見洛克斐勒，發現他孤獨淒涼，建議他和地方仕紳聯絡，洛克斐勒回說：「蓋斯先生，如果你以爲我沒想到這件事，那可就大錯特錯了，我試過幾次，但屢試不爽，等我們打到第九洞，對方就會提出一些不管是行善或財務方面的要求。」洛克斐勒行善理想的破滅，比商業上的有過之而無不及，他曾告訴小約翰，「我借錢給別人，結果他們看到我立刻跑到對街，不願和我說話。」

自從受洛克斐勒聘用主掌慈善事業部門，蓋斯就知道他這一生已經永遠改變了。他眼見一大堆人無所不用其極、卑躬屈膝的意圖染指洛克斐勒的家產，他很難再對人性有信心。蓋斯曾寄信給哈波，解釋他行事謹慎的原因，他寫說：「如果你在這間辦公室，看看那些原本有頭有臉的人來和洛克斐勒談錢的問題，就可以看盡人性的醜陋，甚至他們的惡形惡狀，你也許比較容易諒解，爲什麼我們會這麼謹慎。」

蓋斯密切觀察洛克斐勒，揣摩其心理，摸清洛克斐勒比較喜歡把自己塑造成什麼形象，並善加利用。蓋斯在一封給朋友的信中列出二十二種籌募基金的竅門，第六個訣竅是：「如果發現有意捐贈者可能慷慨解囊，不要咄咄逼人，慢慢來，要用柔性管理方式，讓對方覺得是他在施捨，而不是他被迫捐錢。」第七個訣竅是：「只訴諸最高貴的動機，他自己心裡自會有比較低下自私的企圖。」蓋斯擅長以正確的歷史事件包裝後向洛克斐勒提出建議，使洛克斐勒相信每次捐贈都會是人類文明的一次大躍進。蓋斯也知道，洛克斐勒是用擘建標準石油帝國的心態來建立其行善王國，事實上，他退休後花在行善的時間遠多於投資。蓋斯固然常提各項行善構想，洛克斐勒也常否決或要蓋斯再考慮。在草擬計畫上，蓋斯其實從未眞正享有無限自由的裁量權，他必須迎合洛克斐勒的期望。蓋斯的權力或許很大，但仍然受到限制。

鑒於洛克斐勒經營企業的能耐，人們難免認定他在私人投資方面也不會犯錯，當洛克斐勒購買某支股票的消息一傳出，投資人就一窩蜂的搶進。其實，洛克斐勒在個人理財方面時常被騙，由於他沒聘請全時專業的投資組合經理，自己是個很容易上當而消極的投資人。或許這是因爲一八九〇年代初洛克斐勒的健康很差，不想操太多心，不去仔細研判投資標的情況之故。有一天，洛克斐勒告訴蓋斯，如果他因慈善事業公出，正好到他所投資的任何企業附近，或許他能夠順便去打探一下經營狀況。洛克斐勒對蓋斯的足智多謀頗爲讚賞，而且知道蓋斯不會像其他專業理財投顧專家，到處張揚他在華爾街的投資失敗事例。

有這樣的一個例子：一八九一年蓋斯搬到紐約不久，正準備去視察阿拉巴馬州幾所浸信會學校，洛克斐勒問蓋斯是否願意順道去看看他聽信一位老友建議而買下的一家鋼鐵鎔鑄廠，因爲他搞不懂爲何這家廠被法院清算。蓋斯的報告明確指出，整個行動和鋼鐵業風馬牛不相及，他們意圖哄抬當地房地產價格，不少浸信會牧師已經上當，買了附近那些誤以爲靠近鋼鐵廠而將升值的土地。洛克斐勒強作鎮定，並表示他只是想透過這次冒險投資，協助朋友的兒子學做鋼鐵生意。洛克斐勒再提到他在威斯康辛州獲利減半的鋼鐵業，當時據稱每天有一千美元收入，他又託蓋斯去現場調查。蓋斯調查結果發現，和阿拉巴馬州的陰謀如出一轍，這家鋼鐵廠也只是被用來哄抬地價，一等地價飆高，立刻殺出獲利了結，洛克斐勒所說的獲利，只不過是「鏡花水月」，事實上他每天約賠一千美元。認識洛克斐勒的人，無不覺得匪夷所思，對他在投下巨資前，竟未委託中立機構調查友人提供的數據，大惑不解。蓋斯之後又被派去調查一樁位在洛磯山頂的礦脈騙局，也拆穿了西洋鏡。

當時是一八九二年底，蓋斯尚未和洛克斐勒合署辦公，在揭穿幾樁騙案後，洛克斐勒就請蓋斯搬到百老匯街二十六號一起辦公。洛克斐勒發現蓋斯有某種經商天賦，該特質是標準石油這幫人沒有的，洛克斐勒立刻將蓋斯視為他的心腹，讓蓋斯可以完全不受限制的翻閱標準石油以外的所有私人投資案。而蓋斯也揭發了二十多個病入膏肓的企業，每家公司的資產負債表都出現了赤字。

當蓋斯正在過濾這些失敗的投資案之際，羅傑斯也同聲呼籲洛克斐勒，為他兩千三百萬美元的投資組合創設一套新的監控過程。他建議創設一個執委會，由蓋斯處理投資和行善事務，由蓋斯在紐澤西的老鄰居莫菲（Starr Murphy）負責處理法律責任問題，羅傑斯自己則掌管辦公室的行政，三人各領一萬美元的年薪。蓋斯幫洛克斐勒處理了多家投資失敗的企業，並將損失反轉為獲利，他也順便投資幾家他為洛克斐勒管理的公司，到一九○二年，他淨賺五十萬美元紅利。

洛克斐勒認為蓋斯不只是個超級投資專家，更是一個鬼才，一九一七年洛克斐勒應富比士（B. C. Forbes）之邀，舉出一位他心目中最偉大的企業家，他沒選佛拉格勒或艾奇巴德，也沒選亨利．福特和卡內基，而選了蓋斯，大出眾人的意外。洛克斐勒解釋說：「他結合企管長才和行善天賦，比我所認識的任何人都要登峰造極。」對蓋斯來說，或許因為是個虔誠的清教徒，他比較側重慈善工作，對企業上的成功都淡然處理。

洛克斐勒 VS. 卡內基

一八九〇年代，當洛克斐勒進軍到鐵礦業時，霎時引爆美國兩大企業鉅子洛克斐勒和卡內基之間的對立衝突。兩位大亨經常參考對方的經營方法，強調鉅細靡遺、不惜血本大砍成本，以提升利潤，也都率先推動慈善事業，並以身爲勞工的朋友自豪。但這兩大巨頭卻一直水火不容，每年聖誕節，彼此交換禮物虛應故事，洛克斐勒送卡內基一件紙背心，卡內基則回送滴酒不沾的洛克斐勒上好的威士忌。在給同仁的信中，卡內基經常揶揄洛克斐勒，拒絕承認他經商的天賦的確高人一等，而卡內基也一直誤以爲洛克斐勒和標準石油的主管共謀梅沙比山脈採礦計畫。但卡內基不認爲標準石油的人員可以像獨占石油般壟斷鐵礦，他指出洛克斐勒冒險投入任何新的事業都失敗了，洛克斐勒已名聲掃地，名列全球最差投資人之林。

卡內基對洛克斐勒太掉以輕心，且嚴重誤判礦砂生意的發展，未能積極出擊。當洛克斐勒把在石油界所學到的教訓，像透過運輸控制某種行業及大幅殺價，使競爭對手無力招架而敗下陣來等手法，都搬到鐵礦生意上，卡內基就只能在一旁乾冒火。最後，兩大工業的發展趨勢，迫使卡內基居中和洛克斐勒達成一項協議。當業者開始購併整合鋼鐵業時，固守穩定的供應來源已刻不容緩。同時，隨著新的鼓風爐配備可以使用骯髒便宜的梅沙比礦砂，無形中也成爲業界標準。一八九六年，媒體盛傳，洛克斐勒將循標準石油的模式，在克里夫蘭或芝加哥建立一家超大型鋼鐵廠，並進而建立鋼鐵業托拉斯，與卡內基雙雄並峙、互別苗頭。同時，洛克斐勒砸下一千九百萬美元到梅沙比山脈中，以支撐他的鐵路和船運事業。

對洛克斐勒這個石油鉅子，竟撈過界對鐵礦業還能有高人一等的先見之明，卡內基不高興也不服氣，竟在私人信函中挖苦他，稱洛克斐勒爲「石頭人」（Rock fellow），後來更說他是「破壞黑手」（Wreck fellow）。不過，一八九六年十二月，卡內基終於低聲下氣的同意接受一項概括協定，同意以每噸二十五美分完全消耗掉洛克斐勒主要礦區所生產的鐵礦（至少六十萬噸），交換條件是卡內基必須同意用洛克斐勒的鐵路和船隻運送，外加自己的礦區所生產的六十萬噸鐵礦。這種手法就是洛克斐勒爲了共同利益相互利用而和鐵路業者談妥條件，以壟斷石油業的翻版。爲了完全休兵，卡內基誓言不再挖新的梅沙比油田或運送鐵礦，而洛克斐勒也宣布放棄建鋼鐵廠的企圖心。約二十年後，卡內基在向參議院一個委員會作證時，宣稱這交易是他占上風。事實上，該協定是卡內基起步太晚而試圖亡羊補牢的措施。

當最大的鐵礦生產業者和最大的消費者結盟後，小型競爭同業發現，他們已經完全沒有任何生存空間，卡內基和洛克斐勒則都大賺。跟石油一樣，鐵礦價格下跌，使一些小型業者破產，洛克斐勒和卡內基聯盟則聲勢日壯。在一八九〇年底，為了爭奪梅沙比剩餘的產業而展開流血競爭。洛克斐勒在一八九四年以十美元買的「蘇必略湖聯合鐵礦公司」股票，到一八九九年已勁升到六十美元，一九〇〇年漲為七十美元，到一九〇一年更升至每股一百美元。

慈善大軍

一九〇一年四月，一列滿載百萬富豪的火車從曼哈頓啓程，沿東海岸南下，到美南黑人學府進行十天訪查，這些學校有不少由北方提供財力贊助，最後以在北卡羅萊納州溫斯頓塞冷召開美南教育會議達到最高潮。二十七歲的小約翰·洛克斐勒是乘客之一，這趟旅程彷彿點燃了引信，照亮他的一生。小約翰一生過著畫地自限的生活，被私立學校、高級住宅和百老匯街二十六號團團圍住，他很高興終於能和重要的社會問題做第一類接觸。

火車隆隆駛過美南，當時仍實施歧視黑人的法律，種族暴力層出不窮，黑人識字率的低落反映嚴重問題。當時美國人口中，沒有讀寫能力者比率只有百分之四點六，但美南白人不識字率高達百分之十二，美南黑人更高到百分之五十。教育改革列車幾乎未深入聚居農村內陸地區和沼澤湖泊地帶的黑人社會，肯塔基州是南方各州中唯一立法實施義務教育的州，而北美各州早就普遍實施義務教育。這些富甲一方的慈善家參訪了有名的黑人教育展示櫥窗，包括維吉尼亞州的漢普頓學院、阿拉巴馬州的塔斯科基師範文藝學院，以及洛克斐勒建造的亞特蘭大史波曼神學院。小約翰北返後告訴媒體記者「此行常在我心，塔斯科基學院尤其有意思，華盛頓是位了不起的人物，他的學府在改善種族問題方面貢獻極大」。他並且興高采烈、滿腔熱忱的向父親老約翰·洛克斐勒提出報告。

其實，老洛克斐勒對南美黑人教育問題的重視，比這趟火車之旅要早二十年，可以溯自一八八二年，當時史波曼神學院還開在一家飽受漏水之苦的教會地下室裡。當洛克斐勒走訪美南時，總會在星期天早上抽空到黑人浸信教會去做禮拜，他所有的子女也各「認養」一名黑人學生，給予獎學金，由洛克斐勒家族負擔教育費用。一九〇〇年，洛克斐勒家族大幅翻修史波曼神學院，還出錢建一所新診所、兩棟宿舍、一間餐廳和廚房、一座發電廠，並爲校長蓋了宿舍。

在一九〇一年百萬富豪火車之旅結束後，洛克斐勒父子曾就南方教育問題徵詢不少專家的意見，其中包括華盛頓在內。他在一個星期天晚上和他們茶敘，華盛頓也支持提供黑人務實的職業訓練，而不必講授抽象的學問。一九〇二年二月二十七日，小約翰主持一場十人會議，以研議南方教育問題，談到三更半夜才散會。會中決定由老洛克斐勒捐一百萬美元，再推動新的慈善計畫，成立「普通教育委員會」。和洛克斐勒其他事業一樣，這個規模龐大的委員會，日後也成爲最先進的教育基金會，是「美國浸信會教育協會」的延伸。這是洛克斐勒所有慈善事業中唯一得到聯邦法規永遠公開認可的，排除原先過分強調黑人教育的部分，該組織的目標是「在國境內提倡教育，不分種族、性別或信仰」。洛克斐勒將普通教育委員會完全授權小約翰管理，但小約翰和蓋斯定期向洛克斐勒報告。洛克斐勒相信，講究效率的普遍原則，不僅適用於營利事業，也一體適用於非營利事業，在捐出第一筆一百萬美元給普通教育委員會時，他明訂錢要分十年支付，他只影響慈善事業的速度和範圍，不會干預行善計畫的內容，他希望確保在會計上適度可靠的成長。

在選擇執行祕書時，蓋斯大膽起用巴特里克（Wallace Buttrick）這位畢業於羅徹斯特神學院，曾擔任浸信會牧師的博士。巴特里克原是「美國浸信會國內布道會」的董事，對美南的黑人教會學校研究得十分透徹。在辦公室牆上，他掛了一張大地圖，上面釘滿五顏六色的圖釘，以標示出美國主要的教育設施。他可以在不得罪申請人的情況下，高明的揭發他們計畫的弱點。他的直覺十分靈敏，爲了讓普通教育委員會在美南順利運作，覺得權宜之計是要向白人至上主義低頭，他曾告訴田納西州的督學，「黑人是次等種族，白人比較優秀，這點毫無疑義」。

爲了讓委員會完全由保守派人士出任，蓋斯找「成功的企業家」，他認爲他們可以帶領學校走傳統路線。委員會的第一任主席是長島鐵路總裁包德溫（William H. Baldwin），他大力提倡黑人教育，但先決條件是白人要位居要津。開始時，財源充裕的普通教育委員會在美南大力鼓吹改善教育水平，並以普設中學爲初步的重點目標，其畢業生可以作爲較低層級的學校師資，同時也可使大學生大增，從而擴大整個教育層級的改革計畫。

由於普通教育委員會缺乏資源來創造完善的中學制度，只能建立一個模式，供洛克斐勒未來的慈善事業師法。該委員會不用本身的預算來完成一切工作，而是訴諸輿論激勵政府採取行動。當時正是標準石油因州及聯邦政府提出反托拉斯訴訟而升高敵意之際，洛克斐勒卻正快馬加鞭推動政府和民間建教合作，促成廣泛的社會變革。州立大學的約聘教授若願下放到各地，精準地找出高中設校地點，再爭取當地納稅民衆的支持，普通教育委員會願意給付教授級薪水，這些教授也隸屬於州政府的教育部門。在委員會的經費革命性的衝擊下，到一九一〇年，美南已經普設八百所中學了。

不過，普通教育委員會最初想提倡黑人教育的企圖卻一再受挫，在種族主義作祟下，該會將援助侷限於少數可以產生最大效果的幾個郡。直到一九一四年，該會才在美南鄉下農村地區聘請黑白種族的教育經紀人，同時鼓勵學校多教黑人實用的職業教育，而不重視心智方面的教育。如此一來，普通教育委員會固然在提升美南教育上成就卓著，但在當初最想有所作爲的黑人教育方面卻無進展，十之八九的經費都流向白人學校或提倡醫學教育，這對原本應稱爲「黑人教育委員會」的基金會是一種令人扼腕的發展。

在洛克斐勒一九〇五年再捐一千萬美元，一九〇七年又追加三千兩百萬美元後，普通教育委員會延伸工作範圍到更高等的教育，該筆捐款是截至當時，個人爲社會或慈善目的而捐的最大一筆。洛克斐勒最後的捐款大部分都流向芝加哥大學，當委員會提高大學院校的獎助金額時，更運用了洛克斐勒再三向哈波堅持卻力爭無效的規則，此即這些捐款應該帶來相對的贈款，各地會社（協會和社團）應協助負擔地方的學費，大學院校應設在人口密集、經濟快速發展的地區，而捐款所得用於學校運作上的費用不應超過一半。

改善美南、掃除鉤蟲

當蓋斯和巴特里克搭火車到美南考察時，望著窗外沉思的蓋斯突然大叫，「這是上帝應許之地，天氣良好、土壤肥沃、勞力取之不盡。如果要支撐南方的教育和公共保健醫療計畫，就是要一片豐饒的地，才能有適度的稅收。巴特里克，你的工作就是要找出如何下手。」如果教育全靠健全的稅收，則美南的稅基要提升，而美南的農業產量也得全面提高。當其他慈善事業主管只能摸索時，洛克斐勒旗下的大將卻在驅策下有更寬廣的想像空間。

一九〇六年春，蓋斯和巴特里克到華府，和任職農業部的先驅科學家納普（Seaman A. Knapp）見面，納普曾擔任教師、主編，也曾到處傳播福音。在納普的實驗農場中，納普希望他的工作能和洛克斐勒在醫學研究方面的工作媲美。他希望把科學實驗的精神，灌注於一門囿於古老民間傳統而僵化的事業中。三年前，德州由於棉鈴象鼻蟲肆虐，納普出面拯救，讓棉花業存活下來。納普藉著在德州特瑞爾建立一個示範農場，並展示如何透過慎選棉花種子和集約農業，來控制棉鈴象鼻蟲所造成的災情。已高齡七十三歲的納普正尋找私人資金來擴大其計畫，在和農業部長威爾森，以及蓋斯、巴特里克見面後，達成官方和民間合作來實現納普的夢想。由農業部草擬計畫，並監督農場示範計畫，每個月取得普通教育委員會的支票補助。隨後數年，在得到洛克斐勒贊助下，棉鈴象鼻蟲總算清除，美南棉花和家畜產量提升，稅基增加後，公立學校也得到資助。到一九一二年，在普通教育委員會和農業部通力合作下，十萬多間農場改變種植棉花的種子和其他作物。

受到這項計畫成功的鼓舞，洛克斐勒的慈善事業穩定地擴大在美南的計畫，最成功的應是掃除鉤蟲行動。這項行動的關鍵人物是對聯邦補助感到挫折的夢想家史泰爾斯（Charles Wardell Stiles）。

在西班牙和美國的戰爭結束後，美國取得波多黎各，軍醫艾希福德發現，無數原本以爲感染瘧疾的貧困農民，其實是感染了鉤蟲。史泰爾斯的父親是衛理公會牧師，多年來爲美國公共衛生服務部跑遍美南各地，他根據艾希福德的研究，做出大膽的假設，認爲一般認定以生活怠惰懶散而惡名昭彰的美南貧窮白人，可能是鉤蟲作祟。

一九〇二年九月，史泰爾斯帶著一具顯微鏡走遍美南，檢視當地民眾的排泄物，到處見到鉤蟲。這是一項令人振奮的發現，因爲鉤蟲只要五十美分的瀉鹽和百里酚，就可以自體內清除。該年於華府舉行的一場醫學會議中，史泰爾斯報告其研究結果，指出「長期以來，一直被指懶散怠惰的南方人，其實只是被鉤蟲搞得有氣無力」，此話一出引起與會人士的憤怒和嘲諷，隔天《紐約太陽報》還以「發現懶惰蟲」爲題消遣他。由於史泰爾斯是動物學家，外界認爲他對人體一無所知，醫學界對他的發現也未特別重視，約翰霍普金斯醫學院的奧斯勒教授甚至表示「美國根本沒有任何鉤蟲」。願意接受史泰爾斯提出的「貧窮白人經常慢性貧血或不斷發生瘧疾，其實是因爲他們赤足走路，而從腳底感染鉤蟲所致」之論點的醫師少之又少。

史泰爾斯隨後幾年仍鍥而不捨，到處奔走向私人募款，希望驗證他的論點。一九〇八年，羅斯福總統任命他當鄉村生活委員會主管，該年十一月，史泰爾斯到美南考察時，告訴委員會另一位來自北卡的委員佩基（Walter Hines Page），火車月臺上一個身體殘障畸形、拖著腳蹣跚而行的男子是因體內的鉤蟲作祟，而不是他懶惰或先天性痴愚，史泰爾斯斬釘截鐵的說：「只要花五十美分對症下藥，他在一、兩週內就可以成爲健康有用的人。」他向佩基解釋說，百里酚可讓鉤蟲從腸壁上剝離鬆脫，有些患者體內的鉤蟲多達五千條，再加上瀉鹽，就可以把這些鉤蟲排出體外，佩基是洛克斐勒研究所的校董，他將史泰爾斯引介給洛克斐勒。

史泰爾斯和佩基行程結束後，順道參加康乃爾大學一場茶會，史泰爾斯在那裡認識了巴特里克，兩人一起步行回巴特里克下榻的旅館，兩人徹夜暢談鉤蟲的種種。回華府後，史泰爾斯收到一封電報，請他到紐約和洛克斐勒醫學研究所的蓋斯面談。蓋斯和莫菲聽了史泰爾斯四十分鐘的解說和幻燈片後，再一連開了兩天會，最後敲定了「傾全力終結美南的鉤蟲」大規模動員計畫。那是最理想的大型慈善計畫，因為病情容易診斷，而且只花一些錢就可治癒，估計有兩百萬美南人為鉤蟲所苦，療效迅速顯著。透過這項「除蟲計畫」，既可完成科學及慈善計畫，又可為洛克斐勒改善公關。

經由小約翰向洛克斐勒鼓吹，成立一個負責清除鉤蟲的委員會，撥了一百萬美元，該委員會定名為「洛克斐勒衛生委員會」，於一九一〇年開始在華府掛牌運作，執行祕書是田納西州人羅斯（Wickliffe Rose）博士，曾任皮巴迪學院和納西維爾大學院長，溫文儒雅、謙沖為懷、一絲不苟，又面面俱到，遇事果決，使得除蟲行動空前成功。

草擬策略時，羅斯依普通教育委員會模式，使用洛克斐勒的錢作為激發政府合作的觸媒，重要的是詳細調查並標示鉤蟲肆虐的核心區域，再促成各州政府請衛生保健主管教育民眾，讓他們了解這項威脅的嚴重性。各州醫藥主管當局再派年輕醫生下鄉，薪水由洛克斐勒的基金支付。在南方不少團體認爲，衛生委員會的工作只不過是北方意圖南下大撈一筆的卑鄙新招之際，由官方出面非常有必要。不過還是有不少陰謀論的傳出，其中之一是洛克斐勒有意跨足製鞋業，同時幫助清除鉤蟲運動，以便讓南方人終年都習慣穿鞋，而不是只冬天那幾個月而已。

這項行動得靠密集的公關造勢及各種可以喚起民眾注意的花招，如開出「健保列車」到各地巡迴展出現代化的衛生設備。其實，此運動得以成功的最重要因素是「引進藥局」，以提供公共衛生服務。一九一〇年，美南只有兩個郡設立這種藥局，而在三年內，拜洛克斐勒善款之賜，設立藥局的郡劇增到兩百零八個。爲了勸民眾上藥局，這些下鄉的實地調查員散發傳單，上面寫著：「看看人體內的鉤蟲和各種不同的腸道寄生蟲」。那些鄉下父老抱著參加帳篷布道會的心情，興奮的大排長龍，透過顯微鏡目瞪口呆的見識鉤蟲的卵，或目睹那些蟲在瓶子裡蠕動。由於不少受感染的人很快治癒，民眾更加相信該療法，有時一天內就治好四百五十多人。除佛羅里達外，南方各州都加入該項計畫。

羅斯發動一項軍事規模行動。在推動第一年工作時，共有十萬二千美南人接受檢查，其中四萬三千人體內有鉤蟲，第五年工作告一段落時，蓋斯向洛克斐勒報告，已有近五十萬人被治好。雖然病並未根治，但病情已大幅減輕，更重要的是，美南各州已設立一個機構長期推動這項工作，以免疫情再擴大。

洛克斐勒衛生委員會在流行病和預防醫學上是一個里程碑，它是醫學和慈善界群策群力對廣泛蔓延的傳染病所採取的最有力行動。一九一三年，新成立的洛克斐勒基金會請羅斯把掃除鉤蟲行動延伸到海外，總計全球六大洲、五十二個國家的千百萬民眾，都倖免於這種疾病的肆虐。

醫學教育大變動

到一九一〇年，醫藥和教育已成為洛克斐勒慈善事業的兩大支柱，同時，這兩大主流更有利的密切配合。這都要拜「美加兩地的醫學教育」這份報告所賜，該報告係由洛克斐勒醫學研究所所長賽門・佛勒克斯納的兄弟亞伯拉罕・佛勒克斯納（Abraham Flexner）所撰。報告指出，大部分的醫學院校經費主要都靠學費收入，買不起現代化設備，陷於醫學發展的黑暗時代。在一百五十五所醫學院校中，只有二十三所規定學生至少要有高中學歷，某些學校連這點都不要求，根本不會爆出任何智慧火花。

這份「佛勒克斯納報告」在一九一〇年發表時，引發激烈辯論。結果有一百多所學校因而關門或被其他大學裁併，其中最有名的是洛克斐勒十分重視的順勢療法學校。蓋斯原本對當時的種種醫療方式已十分不滿，他深信年輕醫師最後不是無藥可救的失望沮喪的悲觀主義者，就是為了賺錢而亂開藥方。他仔細閱讀該份報告，邀請作者亞伯拉罕和他共進午餐。亞伯拉罕指出報告中所附的兩張地圖，一張標示出他走訪過的醫學院校，另一張則標出美國到底需要哪些醫學院校。蓋斯問說：「把第一張變成第二張，要花多少錢？」亞伯拉罕回說：「也許要十億美元。」蓋斯爽快說：「好！我們有這筆錢，請到我們這裡來，錢就給你。」蓋斯再問亞伯拉罕打算如何花用第一筆一百萬美元以改革醫學研究工作，亞伯拉罕回說，要交給約翰霍普金斯醫學院第一任院長韋爾契教授。韋爾契主掌的約翰霍普金斯醫學院被視為其他接受洛克斐勒經費贊助學府的取經樣板，該校以專任全職的方式來管理實驗室部門，大部分教職員全心投入教書和研究工作，這也是蓋斯想要到各地複製的模式。這個行動標識著，醫學教育第一次得到廣大群衆的重視，而醫學研究也成為慈善事業的一個領域。

一九一三年，亞伯拉罕和洛克斐勒正式締結關係，成為普通教育委員會的成員。他和志同道合的人士指定美南范德比爾大學（Vanderbilt University）和中西部的芝加哥大學這兩所有口皆碑的學府，作為這兩個地區的標竿。醫學院校若要得到洛克斐勒的獎助學金，必須先提交入學門檻，擬妥四年課程，同時請專任師資全職授課。雖然洛克斐勒還是主張推廣另類療法，但他絕不利用個人權勢施壓，充分尊重專業人士的判斷。一九一九年春，普通教育委員會向洛克斐勒申請五千萬美元，希望普及科學化的醫學教育到全美各地。第一次世界大戰使很多士兵健康狀況極差，同時也暴露出這些醫院的不完備。好幾個月過去，洛克斐勒都未有所表示，正當大家都絕望時，他卻寄了一封信，允諾捐兩千萬美元贊助，而且很快追加到五千萬美元。到一九二八年，普通教育委員會至少攤派七千八百萬美元來宣導以科學方式推廣醫學教育，引燃一場醫學教育革命。可以說，洛克斐勒將醫學界的劣幣淘汰掉，引進美國醫學史上一個嶄新的文明時代。普通教育委員會在三十年中，總共投下一億三千萬美元的經費。

功成身退

洛克斐勒對普通教育委員會和洛克斐勒醫學研究所的經營管理儘量不過問，但對芝加哥大學的校務卻忍不住介入。如上一章所述，芝大建校這項慈善計畫讓他深感挫折，也最常背離他的行善原則。他的第一筆捐款原本只想拋磚引玉，鼓勵芝加哥工商界共襄盛舉，結果卻適得其反，竟然反使其他善款裹足不前。由於媒體大幅報導，把芝大塑造成洛克斐勒作秀的道具，雖然他思慮周到的刻意遠離芝大校園，只在一八九七、一九〇一和一九〇三年三次拜訪芝大校園，而且行事自制低調，外界仍不諒解，認定並抨擊他的一舉一動都有預謀。

蓋斯為洛克斐勒打抱不平，他曾無奈的說：「芝加哥人除了小額捐款早已停止捐輸。一個充滿敵意的媒體常抹黑芝加哥大學，指它是標準石油的宣傳工具，該校的校務常被其創辦人操縱，該校的教授如果不當他的傳聲筒就會被炒魷魚。至於該校所建的宏偉校舍Midway Plaisance則是爲了美化洛克斐勒而蓋的紀念建築，爲了滿足他個人的利益而建。」其實媒體的說法是顚倒是非，洛克斐勒確實常談起芝大，但從不炫耀他投下多少錢，也從未表示芝大是他的私產。洛克斐勒是常提起任教於芝大的諸多人才，也常誇讚他們的才華及出色表現。洛克斐勒唯一曾公開插手干預的是芝大的財務問題，但他卻無力反制揮霍無度的哈波校長。

洛克斐勒每年百般無奈的砸下一百萬美元挹注芝大的常設基金，才能跟得上哈波大手筆的支出。雖然洛克斐勒一再地抱怨芝大的長期赤字，哈波卻置若罔聞，而造成蓋斯和哈波的關係日益緊繃。一九〇三年十二月，哈波和學校董事被召喚到紐約，在洛克斐勒的私人辦公室開了一次專案會議。一九〇二年芝大確實出現財務赤字，但哈波竟當場開口要更多錢，在場的校董當著哈波的面竟都投反對票，這對哈波是非常不光彩的嚴重打擊。當晚洛克斐勒父子密商，第二天小約翰通知校董會，除非解決財務赤字，否則洛克斐勒不會再捐錢，同時嚴禁哈波再擴大或增設芝大系所。這項決定固然使哈波痛心，洛克斐勒更是憂心忡忡，因他對哈波有份父執輩的感情。

就在此時，哈波的健康急遽惡化。一九〇三年，哈波常抱怨身心俱疲，但他無法閒下來，在那次會議三個月後，哈波開刀切除盲腸，醫生發現他有罹患癌症的徵兆，但沒有確切的診斷把握。一直拖到一九〇五年二月，醫生才告訴哈波，但當時惡性腫瘤已擴散，藥石罔效，哈波直言不諱的告訴蓋斯：「這顯然提早宣判我的死刑。」

當洛克斐勒得知此噩耗時，幾乎是心神錯亂。一九〇五年二月十六日，他寫信給哈波，言簡意賅但感人肺腑的道出他對這位教育家深摯的情誼：

「你的病常在念中，此時此刻，我對你感念尤深，你的膽識和力量令人嘆爲觀止，我與有榮焉，並期盼一切會有最好的結果。我們合力創辦芝加哥大學，帶給我最大的滿足和快樂，我對芝大的未來更是寄予厚望，沒有任何人可以取代你的地位。」

幾天後，即將動手術的哈波回信給洛克斐勒：

「您一直忠實的支持我，我已別無所求，但這項百年樹人的大業超乎想像的宏偉，影響更是無遠弗屆，對這個出類拔萃的機構，我知道洛克斐勒家族一定會支持到底。」

哈波雖因罹癌而形銷骨立、身體虛弱，仍然繼續寫作教書。一九〇五年八月，他最後一次拜訪洛克斐勒，當時有記者發文嘲諷洛克斐勒，哈波說：「洛克斐勒相信這一切都是天意，清者自清，他終將獲得平反，我從未見他這麼和藹可親、滔滔不絕。」兩人在幾個小時的談話中，努力修補近年來兩人友誼的裂痕。一九〇六年一月十日，哈波英年早逝，得年五十歲。

哈波的去世對洛克斐勒衝擊甚大，他寫給芝大新任校長賈森（Harry Pratt Judson）的信就這樣說：「我心知肚明，他的死是一項無可彌補的損失，在他正處於人生巔峰狀態的精壯之年遽爾撒手人寰，似是冥冥中自有主宰。他的死，對我而言，如喪考妣，而且那種失落感與日俱增。」洛克斐勒很少流露如此感人肺腑的訊息，雖然他批評哈波缺乏遠見、揮霍無度，但對哈波在短短十年就創辦了一所和長春藤盟校同等級的學府，依然大力推崇。洛克斐勒隨即宣布，在芝大校園裡建哈波紀念圖書館，並提供十萬美元基金撫卹其遺孤。為了紀念哈波的貢獻，洛克斐勒更適時同意打消芝大一九〇六年到一九〇七年的財務赤字。繼任校長的賈森是個謹慎周延的主管，也是個健全的預算規劃師，的確是當時芝大最需要的守門人。

一九〇七年，蓋斯和小約翰悄悄展開遊說行動，希望說動洛克斐勒放棄芝大師生及大部分校董必須是浸信會教友的陋規，因爲該校的募款活動受宗教信仰限制而難以推動，在長思兩年之後，洛克斐勒才同意切斷芝大和宗教間的關係。到一九〇八年，洛克斐勒總共投注兩千四百萬美元於芝大，該年底的一個晚上，蓋斯邀賈森和莫菲會商，提議讓洛克斐勒完全和芝大劃清界線，放棄代表權。賈森當場抗議說：「芝大仍不夠完備，尤其財務拮据時。」蓋斯回說：「洛克斐勒退出前，會做最後一筆大捐贈。」

蓋斯決心推動該任務，他設法說服小約翰，再由小約翰去遊說其父，但洛克斐勒初聞大驚失色、默不作聲，擱置一旁不受理。一九〇九年初小約翰重提舊議，洛克斐勒仍嚴拒說：「我承認，這種想法讓我十分震驚，芝大規模恢宏、影響深遠，我們對其百年樹人大計扮演這麼重要的角色，想到要切斷我們之間的關係，任其像一葉扁舟漂浮於汪洋中，就使我不寒而慄。」儘管出師不利，但蓋斯和小約翰都知道，洛克斐勒在做重大決策時總是曠日廢時。一九〇九年十一月，小約翰再向父親提議，捐出最後一筆一千萬美元善款後，就切斷和芝大的關係，小約翰說：「在創辦卓越的機構後，能勇敢的一刀兩斷者有如鳳毛麟角。」

幾個星期後，蓋斯寫了一封信提出有力論點，強調捐錢的金主最崇高的理想是爲了一個機構催生後促其完全獨立生存。蓋斯指出，芝大還需增設科技、農業、森林等科系，才能成爲一所完備的大學，但只要其他金主認定洛克斐勒是大學贊助人，他們就不會再捐錢。過去七年，洛克斐勒共捐了近一千兩百萬美元，但中西部民衆只捐了九十三萬一千美元，緩不濟急，何況站在政治立場考量，洛克斐勒也應及早抽身。

蓋斯寫道：「這終將證明廣大的群衆還不了解的一項事實，那就是你完全沒有私心，這也將無可挑剔的證明，你創立這所學府的動機只爲要造福國人，你並未試圖藉此擴張個人的權力，或宣揚你個人的政治觀點，或推展個人的目標，或者光耀門楣。」

蓋斯在信中提及其他富豪緊抓權力不放是這樣寫的：「我想，卡內基是他創立的一切機構的董事，當然也是高層主管之一。創辦克拉克大學的克拉克，也公然掌權至死方休，並因而遺臭萬年。史丹福先生在指定捐出他的產業給史丹福大學後便撒手人寰，但他太太立刻接管，並主導校務多年，甚至公開撤換和她意見不合的教授，校務方面更是鉅細靡遺、事必躬親。」

蓋斯在信函的最後，促洛克斐勒趁早收手，讓他一手創立的大學獨立自主。洛克斐勒起初並未函覆，甚至假裝沒看到信。不過，他在一九一〇年十二月捐給芝大最後一筆一千萬美元的善款後，便毅然決然揮別這所學府，總計他共捐給芝加哥大學三千五百萬美元。在致校董會的告別信中，洛克斐勒寫說：「這所大學如能得到許多人捐款贊助，並擴充學校規模，遠比靠我個人的捐獻好多了。我這樣做，主要一本很早就抱持的恆久信念，這所學府是民衆的資產，應由人民控制管理和支撐。」

這一次的抽身，並沒有那麼的全面，在一九一〇到一九三二年間，普通教育委員會等洛克斐勒的慈善機構，又陸續捐了三千五百萬美元給芝大，小約翰還追加了六百萬美元。不過，洛克斐勒以身作則，以政治家的風範，立下贊助人只是創辦人而非所有人或管理監督者的理念。

在一九一〇年十二月的董事會議中，芝大校董向洛克斐勒致敬：「洛克斐勒先生一直不肯讓這所大學冠上他的姓氏，同時只有在校董會再三催逼下才勉強同意擔任創辦人，他從未建議任用或開除任何一位教授，而教職員所發表的任何意見，他從未置喙。」

第七章　洛克斐勒的退休生活

一八九〇年代洛克斐勒逐漸退出企業界，當時一般美國人的週薪還不到十美元，而洛克斐勒的稅前年平均所得爲一千萬美元。一八九三到一九〇一年，標準石油發放的二億五千多萬美元紅利中，四分之一直接進了洛克斐勒的金庫，洛克斐勒於是獲得「錢袋先生」（Mister Money Bags）或「濶佬」的稱號。

人們或以爲洛克斐勒退休後應該頤養天年，但他卻自囿於清教徒的工作倫理，並且痛批休閒娛樂，他說：「我不像大部分企業家，他們好像總有用不完的時間。」他退休後還是閒不下來，他沒染上旅行熱，他從不收藏藝術品，也不利用財富拓展人脈、結交名流。除了其他富豪仕紳偶爾禮貌性拜訪外，洛克斐勒只和家人、老友及浸信會牧師交往。他對財富代代相傳的豪門世家毫無興趣，有評論者給他扣上「社交殘障」的帽子，且說「也許是自卑感作祟，洛克斐勒很怕踏出家門一步，事實上，他的行爲舉止透露了他心智不夠健全。」即便外人對他品頭論足，洛克斐勒倒是悠遊自在，不需要外界肯定他的成就，退休之後沉迷於消遣娛樂之中。

騎自行車高手

隨著身體的老邁，洛克斐勒越來越返老還童。或許由於一直未能過個無憂無慮的童年，基於補償心理，他突然展現喜愛歡鬧的一面。一八九〇年代，克里夫蘭燃起騎自行車熱，每年春天自行車季登場時，數百輛五顏六色的雙座腳踏車奔馳在歐幾里得街上。雖然當時洛克斐勒已五十多歲，仍以少年郎的活力投入這場時髦的活動。他認爲任何場合都應穿適當的衣服，他買了顏色深淺不一的騎車運動服、用繩索綑紮的燈籠褲裝、羽毛軟呢帽和布綁腿。

當洛克斐勒學騎腳踏車時，蓋斯正好在林丘，他發現洛克斐勒無師自通，學騎時連轉彎也沒下車，蓋斯形容說：「一開始，他先繞大圈子，再騎著打轉，一次次縮小範圍，直到沒下車就可以單用後輪繞圈子。」就像他的經商手法，洛克斐勒先分解騎腳踏車的動作，再逐一改善到完美的境地。在這方面，洛克斐勒倒是表現了其父比爾的精神，他喜歡表演腳踏車特技，若有人扶著車，他會一躍而上，或者放開兩手撐傘騎車。由於熱衷騎腳踏車，洛克斐勒也掌握土木工程學的基本原理。當他想騎車爬上陡坡回林丘住家時，一位工程師曾告訴他，找不到適切的坡度，洛克斐勒立刻回說：「沒有什麼是不可能的。」他博覽土木工程學方面的書，找到最理想的坡度，套句工程學術語「百分之三的坡度」，驗證了他的預言，直接騎腳踏車到家門口。

迷上高爾夫球

洛克斐勒也迷上了另一種時髦的運動——打高爾夫球。一八九九年，他投宿紐澤西州湖林（Lakewood）一家旅館，並和好友強森（Elias Johnson）玩擲蹄鐵遊戲。強森讚美他輕鬆自在的風度，以及幾乎百發百中的技巧，就試圖說服洛克斐勒將該種技巧用於打高爾夫球上。強森終於說服洛克斐勒在旅館附近一片綠草如茵的僻靜角落試揮幾桿，在強森傳授一些訣竅後，洛克斐勒一下子把三個球打到一百碼之外。洛克斐勒問說：「就這麼簡單？」強森回說：「對，就這麼簡單，但可以做到的，百人難得其一，人們往往過於求好心切。」洛克斐勒的好勝心被勾了起來，又問：「有些人不是把高爾夫球打更遠嗎？」強森又回說：「沒錯！但要多練練再打遠距球。」洛克斐勒請了職業高爾夫球名將米契爾（Joe Mitchell）教他打球。

一八九九年四月二日，在洛克斐勒六十大壽前夕，他頭一次以六十四桿打完九洞，此後他狂熱的迷上高爾夫球運動。洛克斐勒像研究製造流程般分解高爾夫球技，他發現自己揮完桿後會扭轉右腳，便叫桿弟用鐵絲做打槌球的小拱門，把腳固定在地面上，但因這種做法相當危險，一矯正這種缺失後，他立刻棄而不用。此外，由於揮桿時有揚頭的毛病，當他發球時，就請一個小男孩大叫「低頭」。有一陣子，洛克斐勒揮木桿時常打出斜切球，讓他深感挫折，就請克里夫蘭一位攝影師拍下他揮桿的動作，以便觀察找出問題癥結。這種有如工業操作效率分析的做法，使他終於根除令人困擾的毛病。後來他還請人拍下他打高爾夫球的影片並潛心研究，洛克斐勒還在厚厚的小本子上記下所有打球的紀錄，包括姓名、日期和地點。

洛克斐勒對高爾夫球的狂熱，和他在一八九〇年代末所感染的病有關。那一場病讓他迷上健身運動，他常勸友人「打高爾夫是溫和好運動，不只迷人，對健康也大有助益」。洛克斐勒的家庭醫師兼球友畢格（Hamilton Biggar）認爲，洛克斐勒之所以得以在崩潰邊緣起死回生，主要歸功於高爾夫球。沒有任何事可以阻止他從事這種晨間運動，如果下雨或烈日當空，桿弟就全程撐大黑傘爲他遮陽擋雨。

高爾夫球也使洛克斐勒比較喜歡社交，同時喚醒他在標準石油那幾年被扼殺的友善親和的一面。高爾夫球提供一個理想的方式，使洛克斐勒每天早上十點十五分到十二點，可在一個井然有序、毫無風險的環境下和人交往。他一到球場，就開始和人開玩笑，親切的閒話家常，別人也同樣熱心回應。洛克斐勒哼著聖歌或流行歌曲，說些幽默風趣的故事，甚至還會朗讀幾首他自己寫的短詩。高爾夫球喚醒了洛克斐勒幽默的天性，不過，他在球場上有些禁忌，包括不准談生意或慈善捐贈方面的事，違者絕不再請回來球敘。洛克斐勒在這方面絕不妥協，他希望一切點到為止，避談正經事，他在人群中，卻孤立不群，由他訂定社交規則。

洛克斐勒是在一八九九年染上高爾夫球熱，就立刻在波堪提柯丘鋪設四個洞的高爾夫球場，每天打球四到六小時。羅拉同樣著迷，每天也要打幾個鐘頭。附近一位高爾夫球職業選手塔克（William Tucker）固定來指導洛克斐勒球技。一九〇一年，洛克斐勒請高爾夫建築師規劃十二洞的高爾夫球道，也為林丘設計九個洞的球道。一九〇四年十二月初，西契斯特郡下雪達四吋之厚，洛克斐勒電邀強森打球，強森以在雪地中不可能揮桿拒絕，但洛克斐勒堅持說「來試試看嘛！」就在他倆通話時，一群工人已經找了馬拉著掃雪機，辛苦的清除五個球道和果嶺上厚厚的積雪。第二天清晨，強森發現在一片嚴冬景象中，切割出一條綠草如茵的球道。洛克斐勒打高爾夫球不但是風雨無阻，連大雪也阻止不了，為了幫球友保暖，他分贈背心，這也成為他最常送的禮物。

由於洛克斐勒沉迷於打高爾夫球，波堪提柯丘甚至有一支二十四小時全天服務的隊伍，負責維持果嶺淨空。他們通常一大早就開始工作，用特製的割草機、滾輪和竹竿等擦拭草上的露珠。一九〇六年初一本帳冊顯示，其中用在高爾夫球上的金額是二萬七千五百三十七點八美元。

洛克斐勒也是個建築迷。其他富豪蓋房子是爲了休息度假，但對洛克斐勒來說，最大的樂趣在於工程和龐大的工事。一開始，他請來設計中央公園等無數公園的著名庭園設計師歐姆史特的公司，負責波堪提柯丘的庭園設計工作，接著由他本人親自接管，請來的公司只擔任顧問。洛克斐勒對景觀設計天賦異稟，對成功移植高達九十呎高的樹尤其自鳴得意。到一九二〇年代，他已經在波堪提柯丘擁有世上最大的苗圃。他曾經一次種一萬株樹苗，其中有些還出售而賺了不少錢！

洛克斐勒篤信韋伯倫所提的「富人本能的厭惡粗糙的手工」，他永遠欣賞高貴精細的手工。洛克斐勒父子倆共同規劃曲折蜿蜒的山路小徑，並由他親自督陣，設計出顯眼的景觀。洛克斐勒之所以全心投入蓋房子的工作，很可能因爲他對一般群衆的恐懼心理，寧可留在一個受到保護的居家環境中。洛克斐勒寧可在家裡的草地上社交，賓客必須遵守他的規則和時間表，他很關心恐怖暴行。

一八九二年初，羅傑斯曾告訴羅拉，他剛收到一封恐嚇信，寫著：「沒有正義，就得毀滅。」信中警告他會收到一個炸彈包裹。這類的恫嚇事件，讓洛克斐勒在規劃莊園時左右爲難，因爲他很希望能開放一部分土地給大衆使用。最後，他決定保留四、五百畝安全的私人用地，包括全家人的住宅和高爾夫球道，用圍籬圈住並請警衛看守。民衆只要不開車進去，就可以自由自在的在莊園其他地方瀏覽觀賞。數十年來，波堪提柯丘一直是徒步旅行、騎馬或騎腳踏車的好地方，這使得洛克斐勒的地產兼具私密性和公共性的特質。

重視養生

退休後的洛克斐勒，服膺「長壽」這個最高目標，他告訴小約翰：「我希望你要好好注意自己的身體健康，這是種神聖的責任。如果你身強體健，就可以爲世界做出極大的貢獻。」浸信會的信仰使洛克斐勒菸酒不沾，主張過自然節制而儉樸的生活，他深信良好的生活習慣具有療效。洛克斐勒晚年曾說：「我身體好極了。我固然失去了多年前毀了一些友人健康的樂子，像看戲、社交、赴宴、生活放蕩等，卻換來身體的健康。我喜歡泡冷水、喝脫脂牛奶、睡得很安穩。可惜大部分人不欣賞這種簡單的生活方式。」

洛克斐勒對傳統的「順勢療法」也很欣賞，該種療法主要是靠使用一點點如果使用過量會致病的物質來「以毒攻毒」。他曾應邀擔任順勢療法醫學院的副院長和董事，出資買地、建校舍，聘請教職員。不過，洛克斐勒也大力鼓吹科學療法，他擘建洛克斐勒醫學研究所（Rockefeller Institute for Medical Research），培育諸多獲得諾貝爾醫學獎的醫學家，可見他對科學療法和傳統療法都不排斥。洛克斐勒有時用陶土製的菸斗抽毛蕊花葉來治療呼吸道的毛病，但他並非全然信任醫師，他曾告訴小約翰：「醫生今天來看我，他不肯開我要的藥方，我也不願服用他開的藥，但我們相談甚歡。」

畢格醫師是洛克斐勒的家庭醫生，出生於加拿大，南北戰爭後搬到克里夫蘭，成爲提倡順勢療法的要角，就是他引領洛克斐勒認識順勢療法的。一九〇〇年代初，畢格醫師常向媒體預言，洛克斐勒可以活到一百歲，這無疑使他更獲得洛克斐勒的寵信。一九〇七年，畢格發表簡單的養生法則，建議美國企業家到五十歲時最好不要再操太多心，同時要遠離菸酒，把信奉上帝列爲生活主要目標。後來畢格又勸大家提早離開餐桌，飯後要有點飢餓感，而洛克斐勒另外再加上每天要睡足九小時，包括午餐後小寐片刻。

洛克斐勒相信，如果能堅守不變的鐵律，死神就不會找上門。對於自己的飲食、休息和運動，洛克斐勒已到過分講究的地步。他把一切簡化，幾乎一成不變，並迫使其他人跟著他同步作息。洛克斐勒把自己的長壽，歸功於「勇於拒絕社交活動」。他一心一意想長命百歲，爲實現夢想，他以穩定而從容不迫的方式生活。洛克斐勒按部就班，儘量保留精力，對自己異於尋常的脈搏，反而引以爲傲，他說：「這表示我有耐力，可以維持平衡。」洛克斐勒對按摩及其他形式的身體推拿術情有獨鍾。一九〇〇年代初，他全心投入整骨療法，主要是藉推拿筋骨來恢復身體結構的完整。當那些提倡先進醫學的人想鼓吹立法禁止整骨療法時，洛克斐勒立刻挺身而出，爲這種療法辯護。

一九〇〇年代初，一些噸位可觀的富豪，是當代經濟繁榮的化身，但洛克斐勒的體重只有一百六十五磅。他是主張禁慾的新教徒，他指責暴飲暴食，並警告那是致病的原因。洛克斐勒絕對不吃太燙的食物，多半都等放涼了些才吃。對他來說，食物是燃料，而非感官的饗宴。洛克斐勒最獨特的保健之道是，任何食物要先細嚼十次再嚥下去，連湯汁也要在嘴裡先轉轉再吞下去。

寂寞向晚

一九三〇年代九十多歲的洛克斐勒散發著老政治家的風範。這位高瘦的老人體重不到一百磅，看來像是被巫師施法縮小了。大蕭條時期形成的左傾氣氛，使抨擊洛克斐勒的書籍死灰復燃，但他幾乎完全不爲所動。伴隨二次世界大戰而興起的愛國意識，重新肯定這位美國企業硬漢，留給國家如此強大的軍力。

老當益壯的洛克斐勒，打高爾夫球時仍可一桿打出長達一百六十五碼的球。一九三〇年他以二十五桿打完六洞，之後體力開始衰退，越來越少打球，但精準度仍在，洞數卻由每天六洞減少爲二到四洞，一九三二年患重感冒後，只好封桿。九十三歲的洛克斐勒以幽默心情看待這場重病，重申希望活過百歲，並視這場病爲上帝對他生命所做的最後審判。

從來不自怨自艾的洛克斐勒，在一九三〇年代似乎頗爲落寞淒涼。孤傲的他不願開口請子孫來看他，但他會技巧地暗示想多看看他們，可是似乎未能收效。洛克斐勒渴望得到一些自己家人從未完全給他的溫馨，也可能是他從未讓這種溫情自由綻放。洛克斐勒異乎尋常的喜歡一個叫露西兒（Lucille）的小女孩，他是司機佛瑞斯卡（Vincent Frasca）的女兒。而露西兒多少彌補他心中的一大遺憾，甚至可以說，他對她流露的親情，是他從未向自己的骨肉展示的。每天不是露西兒來看他，就是洛克斐勒去看她。只要露西兒在，什麼都無所謂，她是他的甜心。洛克斐勒和露西兒老小交談，說故事給她聽。露西兒的回應讓洛克斐勒臉色發亮，而他看她時眼睛發光發熱。

近百歲高齡善終

由於洛克斐勒的隱藏健康習慣，使新聞界時時保持警戒，也曾多次出現對他死訊的錯誤報導。一九三四年，九十五歲的洛克斐勒罹患了支氣管炎，威脅他希望活過百歲的目標，但他設法康復了，不過體重卻跌到九十磅以下。洛克斐勒把一節私人鐵路車廂裝滿水果、蔬菜、煉乳、氧氣罐，然後一路遊玩到佛羅里達州的家，並決定在那裡終老。爲了多活幾年，洛克斐勒大幅改變生活方式，限制日常活動以節省精力，不再打高爾夫球、不再下午駕車出遊、不再到花園散步。洛克斐勒取下昂貴的銀色假髮，從此不再戴假髮，他的步調減緩後，僕人也調整配合他放慢節奏，黃昏前的寧靜籠罩著房子。小心謹慎過著每一天的乾癟老人家，有時在陽臺前一坐數小時。爲了維持腿部肌肉的彈性，老洛克斐勒每天在房內緩緩踩健身腳踏車。一九三五年七月八日已屆九十六歲，保險公司賠他五百萬美元，這是保單上載明的條件。根據當時的保險統計表，只有十萬分之一的人能活到九十六歲。

洛克斐勒喜歡在家看好萊塢電影，尤其愛看由全金髮美女如珍哈露（Jean Harlow）主演的片子，但他的生活仍以宗教爲重心，當身體太弱無法上教堂時，就躺在床上聽收音機播放的布道，思緒也轉向永恆。有一天亨利・福特來訪，臨走前洛克斐勒跟他道別說：「再會，天堂見！」亨利回說：「會的，如果你上得了天堂。」洛克斐勒深信，上帝不會像嚴苛的社會批評家，未來一定會福報他的。洛克斐勒展開全新的日常生活作息，並請小提琴家到家伴他唱聖歌。

一九三七年初，洛克斐勒將屆九十八歲，身體孱弱但心智清楚，繼續玩他的股票、繼續和伊凡斯太太說些一成不變的笑話。五月二十二日星期六，他正在晒太陽，伊凡斯太太說：「洛克斐勒先生，陽光帶給你一些光彩，你神色好多了。」洛克斐勒只笑了笑，伊凡斯太太接著說：「洛克斐勒先生，你從不提我看起來如何。」洛克斐勒坐在椅子上，像騎士彎腰敬禮說：「伊凡斯太太，這是因爲妳的美貌叫我難以形容。」同一天，洛克斐勒替影響他深遠的歐幾里得街浸信教會付清房屋貸款。

也就在那一天晚間，洛克斐勒心臟病發，五月二十三日清晨四點零五分，他陷入昏迷，並在睡夢中與世長辭。官方宣布的死因是心肌硬化，其實就是「老死」。洛克斐勒安詳離去，距離他九十八歲生日還有六個星期。他的善終讓他的宿敵大失所望，這些人希望他應有一些現世報。

當洛克斐勒的死訊傳開後，他家門外擠滿人潮，聯合浸信會敲起喪鐘。友人及同事在奧蒙灘舉行私人喪禮後，摩托車警衛護送棺木到火車站，放進私人車廂，往北送到波堪提柯。當火車抵達泰瑞鎮時，小約翰和五個兒子頭戴一式氈帽等在月臺上。五月二十五日佛斯迪克牧師在波堪提柯葬禮上朗讀一篇簡短感人的祭文，而吉布森醫師彈奏奇奎特管風琴，州警在葬禮進行中巡邏，防止生人闖入。全球所有標準石油分公司辦事處職員都默哀五分鐘。五月二十七日，洛克斐勒的遺體運回克里夫蘭，並下葬在艾莉莎和羅拉之間。因爲擔心破壞者可能汙損墳墓，洛克斐勒的棺木是放在一個防爆的墓穴中，封上厚重的石板。

由於財產大部分早已分光，但洛克斐勒死後仍留下二千六百四十萬美元遺產，顯示他已賺回一九二九年股市崩盤所蒙受的損失。他的遺產大半是美國國庫債券，但他也保留了加州標準石油發行的「第一號股票」。沙烏地阿拉伯和科威特的豐富石油，是在洛克斐勒死後一年開挖，奠定石油在二十世紀的重要地位。洛克斐勒死後六十年，標準石油分成艾克森、美孚、艾美和雪弗龍四家公司，都名列全球五十大公司之林。

報紙訃文以「仁慈慷慨的慈善家」對洛克斐勒蓋棺論定，一篇社論尊他為「全世界最懂得如何施捨的慈善家和組織家」，連那些過去大力批鬥他的人也給他正面評價。曾審問過洛克斐勒並稱他是擅長規避問題的證人安特邁耶（Samuel Untermyer）檢察官，竟然也發表由衷的讚美之詞，說洛克斐勒「僅次於我們愛戴的總統，他是我們國家最偉大的公民。過去沒有人像他一樣看出，巨額財富可以如此智慧地善加運用，因為有了他，世界成了更好的住所。這位世界第一號公民將永遠活在世人記憶中。」

的確，洛克斐勒加快將傳統上專屬於富人的個人和特定目的慈善工作，變為更有影響力、更非個人化的性質。洛克斐勒建立提倡知識的制度，尤其是科學新知，成為一項重要性不下於施捨濟助窮人、建學校、建醫院或博物館的工作。他的作為顯示出，在非營利機構中，專家的意見、嚴密的規劃和稱職的行政工作之價值，替新興的基金領域立下專業標竿。事實上，到洛克斐勒過世時，許多善行未預期地源於許多罪惡。上帝也許會在另一個世界迎接洛克斐勒，這也正是這位「凡人中的巨人」一直深信不疑的！

第八章　代結語

追憶「凡人中的巨人」洛克斐勒

一九七〇年代兩次石油危機之後，「石油」一直就是世界舞臺的要角。一提到石油，我的腦中立即浮現出這位生於一八三九年、卒於一九三七年，享年近百歲，全球第一位億萬富豪的一代石油鉅子洛克斐勒（John D. Rockefeller, Sr.）。

首先浮上腦際的是一九八五年赴美國芝加哥大學當訪問學人時，看到的那棟雄偉的洛克斐勒教堂，以及聽說小兒當時寄讀的那間各色人種小孩聚在一班的小學，是洛克斐勒資助的。其次，也記得洛克斐勒是石油鉅子，這種印象來自三本書：一是一九九一年出版、二〇一一年再增訂出版的《石油世紀》（*The Prize*）這本一九九一年全美最暢銷磚頭巨著；二是一九九八年出版的《富比士二百年英雄人物榜》（*Forbes-Greatest Business Stories of All Time*）；三是二〇〇〇年面世的《洛克斐勒》（*TITAN: The Life of John D. Rockefeller, Sr.*）。我曾爲前一本（一九九一年版）寫過簡短評介，後兩本則撰寫導讀。在前兩本書中，洛克斐勒都只是衆多人物之一，沒啥特出地方，也自然不會讓人記憶深刻。

在只讀前兩本書的當時，由於只知洛克斐勒是石油大亨，於是腦中所浮出的場景是一部一九五六年的好萊塢經典名片，片名叫作《巨人》（*Giant*）。片中那位由英年早逝的巨星詹姆斯・狄恩（James Dean）所飾演的石油暴發戶，就是我腦中洛克斐勒的投射。亦即財大氣粗、腦滿腸肥、酗酒、奢侈浪費等令人厭惡特質上身的人物。

還洛克斐勒眞面目

二〇〇〇年初，在讀完朗・契諾寫作的《洛克斐勒》這本被稱爲忠實記錄洛克斐勒一生行誼的巨著之後，才發覺自己的印象有多麼地錯誤，而且正如作者在〈前言〉裡所說的，當出版社請他撰寫這本完整的洛克斐勒傳時，顯得相當猶豫，因爲該題目早已被炒作過無數次了，況且洛克斐勒是個極端重視隱私的人，能有多少精彩內容再炒實在堪疑。作者曾自問：洛克斐勒是不是一個空洞的人，一心只追逐名利，有如行屍走肉，或者是個極有深度和熱力的人，只不過是有異乎常人的自制力罷了。若是前者，朗・契諾就婉拒不寫；若是後者，則希望一探究竟。而該書的面世，就明示洛克斐勒是個極有深度和熱力者。

無疑地，洛克斐勒最爲世人熟知的是他所擁有的龐大財富，被褒被貶都源於這些財富。被貶的部分屬於財富的取得，被褒的部分則是「散財」，也就是財富支出。

我們知道，洛克斐勒的財富之泉在「標準石油」，也就是由於他經營標準石油所採用的方式才受到無情、長期的攻訐和謾罵。那麼，他到底是用什麼方式經營的呢？「托拉斯」是也，其淺顯通俗的同義詞就是「獨占」。在當今標準的經濟學教科書中，都告訴我們獨占就是無效率、有害社會福利的表徵，在簡單清楚的理論圖示下，價高量少的「剝削」現象立即浮現，於是政府需要介入，要不強制分割、要不收歸國營、要不干預定價等。目的美其名是「彌補市場失靈」，讓市場競爭力量發揮促進社會福祉的效果。

不過，洛克斐勒終其一生都堅持他所創造的「托拉斯」是一個好東西，最能讓資源做最有效率運用，他最常掛在嘴邊的是「合作」勝於競爭，由於合作、而且是推心置腹的「忠誠合作」，可以達到穩定，免於波動之苦，他之所以命其公司爲「標準石油」，即源於此理念，而他認爲在他的監管及核心忠誠分子的「合作」下，「標準」就可以得到。由其財富之創造，以及油價之低廉的事實，我們或許不可輕忽他的看法。

獨占、托拉斯、信任

不知世人是否認眞地想過「托拉斯」的原名「Trust」之內涵，顧名思義，「信任」是也。如此，這種經營方式的成功，先決條件就是成員間彼此信任，於是人人具誠信美德乃不可或缺。以此角度切入，洛克斐勒被描述成篤信基督教、律己甚嚴、滴酒不沾、信守承諾、節儉樸實等，與財大氣粗、珠光寶氣、奸猾狡詐、市儈截然相反，應該是可信的。在此至高無上的原則下，「交易成本」可以降至極小，而經營效率可提升、資源可有效使用，毋寧是極其自然的。

此在一九三七年之後，由一九九一年諾貝爾經濟學獎得主寇斯（Ronald Harry Coase, 1910~2013）所領銜的「產權經濟理論」裡，多少可以得到印證。尤其寇斯在一九三七年發表的〈廠商的本質〉（The Nature of the Firm）這篇經典大作，已將廠商替代市場，由廠商的經理或監督者指導資源的運用，免掉許多種市價的決定，以節省交易成本，做了扼要清楚解析。寇斯可說已將洛克斐勒的身體力行之實證，予以嚴謹地變為理論模式，只是不知寇斯提出這個石破天驚的看法，靈感是否得自洛克斐勒的經營呢？

反獨占法徒勞無功

如果托拉斯果眞符合社會需求，則政府法令的打擊恐徒勞無功，此由《休曼反托拉斯法》（Sherman Antitrust Act）等反獨占法之收效極微，甚至產生耗費成本負作用已可知其一斑。不過，正如信任或誠信這個基本必備條件之重要所顯示的，在一個無誠信的社會裡，自然長成的托拉斯根本不可能出現，若有托拉斯，都是政府經營或政府法令保護的特權，它們的經營效率當然低落，對社會福利自然是負面的。撫今追昔，洛克斐勒的托拉斯是道德沉淪、無誠信的當代社會之海市蜃樓。那麼，十九世紀的美國民衆攻擊標準石油，應該是多此一舉且夾雜著過多的嫉妒、挾怨報復心理了。再看今日政府鼓勵金融機構合併，實在讓人更有恍如隔世的感嘆，因爲不在根本性的倫理道德著手，卻本末倒置由技術面「復古」，後果如何已不必多言矣！

洛克斐勒將其巨大財富大多用於慈善事業，他抱持著上帝使者之使命感，從事這項事業，發現其難度甚至比經營企業有過之，也到處顯現出人性醜陋面。一方面是各方貪求無厭的需索，一方面是多方冷言冷語的諷刺。無怪乎洛克斐勒會感慨說：「巨富是巨大負擔，是一項沉重責任，不是大福就是大禍。」為了做好慈善事業，為免除受補助者的依賴性更深，他提倡「相對基金」理念，成立委員會、尊重專家意見散財，實施「普及性」社會福利。他在醫療和教育兩類慈善事業上最有成就。在醫療方面，洛克斐勒所創設的醫學研究所，研發出多項治癒嚴重傳染病的藥方並普及全球，而此研究所變成的洛克斐勒大學，也成為培育諾貝爾醫學獎得主的搖籃。

在教育方面，芝加哥大學這所名校的創辦固然有名，但在基礎教育，尤其是女性和黑人的普及教育上更值得大書特書。由此兩類慈善事業，可看出洛克斐勒具有「永續發展」的遠見，也可窺知其不在求名，此由他一概謝絕用名字作為機構名稱，更不出席各項落成典禮等行為可見端倪。

成功絕非偶然

洛克斐勒被稱為天使與魔鬼的結合體，我們其實可說他擁有「冷靜的腦、溫暖的心」。不論是商業或慈善事業的經營，都需要冷靜地精打細算，思索出最佳的方式。在朗．契諾筆下，我們看到的是一個活生生的「人」，不怕困難，一關過一關，抱著柳暗花明又一村的心情接受挑戰。於是乎，在經營石油的同時，鐵路、海路運輸、行銷、金融、股市投資等相關的事業，也都有洛克斐勒的重要一份，這也更鮮明印證出他的確是經營企業的天才。

不過，縱然在事業上名利雙收、財源滾滾，洛克斐勒也有辛酸、痛苦、難言的一面。放蕩不羈的父親逼得他刻意隱瞞、甚至說謊；雖然在清教徒家教的薰陶下，還是出現兄弟鬩牆、甚至相殘的不幸；而且子女在嚴格家教下，也有多位反彈似的演出叛逆情事；至於與記者媒體、政府，以及有關業者間的恩怨情仇，帶給他的苦惱更不必說了。洛克斐勒的大半人生都活在自己的小天地，彷如受到監視、失去自由的名人。讀其一生，不禁令人感慨：「巨富」眞的會讓人快樂嗎？在朗・契諾平實靈活的筆下，財富巨人的平凡面栩栩如生暴露在讀者面前。

如果名利眞是凡人最在意的追求目標，在洛克斐勒身上，我們也會深深感受到成功絕對不是偶然的，除天賦外，加倍努力絕對免不了，但縱使盡了力，卻不一定能成功，而不努力，則鐵定成功不了。不過，由洛克斐勒身上，我們也輕易地察覺，成功必須付出代價，而且兩者呈現正向關係，其謹小愼微的自處、自律甚嚴的操守，恐怕絕大多數的凡人做不到，甚至連其極小的百分比都無法做到。如此，只要自問盡了力，還是不能趕上人家、達不到自己的理想，也就不必自怨自艾，而且也不必嫉妒、羨慕別人了。俗話說：「家家有本難念的經。」此在曾是全球第一首富洛克斐勒的身上，我們也一覽無遺呢！

「富不過三代」是中西都有的諺語，而洛克斐勒家族迄第三代爲止，似乎逃過這項宿命，雖然子孫中還是有不肖者，但有傑出表現者還是居多，尤其象徵繼承意義的小約翰及約翰三世等男性更有優異成就。那麼，爲何此家族可以較持盈保泰呢？此由洛克斐勒父子從事龐大慈善事業善舉，以及清教徒的家庭教育，讓子女從小就養成財富得之不易、天下沒有白吃的午餐之觀念可窺知一二。且由其子女自小需做家事才有零用錢，以及時時克勤克儉、節約行事的戰戰兢兢畫面，我們也應當可以清楚、明白了。

天下沒有白吃的午餐

最後，很有必要將洛克斐勒在一九一一年寫給小約翰的第十三封信〈天下沒有白吃的午餐〉全文揭露，給籠罩在「社會福利」制度下的地球人，尤其是制度設計和政策制定者參酌並嚴肅思考。

親愛的約翰：

我已經注意到那條指責我吝嗇，說我捐款不夠多的新聞了，這沒什麼。我被那些不明就裡的記者罵得夠多了，我已經習慣了他們的無知與苛刻。我回應他們的方式只有一個：保持沉默、不加辯解，無論他們如何口誅筆伐。因爲我清楚自己的想法，我堅信自己站在正確的一方。

每個人都需要走自己的路，重要的是要問心無愧。有一個故事或許能夠解釋，我很少理會那些乞求我出錢來解決他們個人問題的理由，更能解釋讓我出錢比讓我賺錢更令我緊張的原因。這個故事是這樣說的：

有一家農户，圍欄裡養了幾頭豬。一天，主人忘記關圍欄門，便給了那幾頭豬逃跑的機會。經過幾代以後，這些豬變得越來越凶悍，以致開始威脅經過那裡的行人。幾位經驗豐富的獵人聞聽此事，很想爲民除害捕獲牠們。但是，這些豬卻很狡猾，從不上當。

約翰，當豬開始獨立的時候，都會變得強悍和聰明了。

有一天，一個老人趕著一頭拖著兩輪車的驢子，車上拉著許多木材和糧食，走進了『野豬』出沒的村莊。當地居民很好奇，就走向前問那個老人：『你從哪裡來，要幹什麼去呀？』老人告訴他們：『我來幫助你們抓野豬啊！』眾鄉民一聽就嘲笑他：『別逗了，連好多獵人都做不到的事，你怎麼可能做到。』但是，兩個月以後，老人回來告訴那個村子的村民，野豬已被他關在山頂上的圍欄裡了。

村民們再次驚訝，追問那個老人：『是嗎？眞不可思議，你是怎麼抓住牠們的？』

老人解釋說：『首先，就是去找野豬經常出來吃東西的地方。然後，我就在空地中間放一些糧食做陷阱的誘餌。那些豬起初嚇了一跳，最後還是好奇地跑過來，聞糧食的味道。很快一頭老野豬吃了第一口，其他野豬也跟著吃起來。這時我知道，我肯定能抓到牠們了。』

『第二天，我又多加了一點糧食，並在幾尺遠的地方豎起一塊木板。那塊木板像幽靈般暫時嚇退了牠們，但是那白吃的午餐很有誘惑力，所以不久牠們又跑回來繼續大吃。當時野豬並不知道牠們已經是我的了。此後我要做的，只是每天在糧食周圍多豎起幾塊木板，直到我的陷阱完成爲止。』

『然後，我挖了一個坑，立起了第一根角樁。每次我加進一些東西，牠們就會遠離一些時間，但最後都會再來吃免費的午餐。圍欄造好了，陷阱的門也準備好了，不勞而獲的習慣使牠們毫無顧慮的走進圍欄。這時我就出其不意地收起陷阱，那些白吃午餐的豬就被我輕而易舉地抓到了。』

這個故事的寓意很簡單，一隻動物要靠人類供給食物時，它的機智就會被取走，接著牠就麻煩了。同樣的情形也適用於人類，如果你想使一個人殘廢，只要給他一對枴杖，再等上幾個月，就能達到目的；換句話說，如果在一定時間內，你給一個人免費的午餐，他就會養成不勞而獲的習慣。別忘了，每個人在娘胎裡就開始有被『照顧』的需求了。

是的，我一直鼓勵你要幫助別人，但是就像我經常告訴你的那樣，如果你給一個人一條魚，你只能供養他一天，但是你教他捕魚的本領，就等於供養他一生。這個關於捕魚的老話很有意義。

在我看來，資助金錢是一種錯誤的幫助，它會使一個人失去節儉、勤奮的動力，而變得懶惰、不思進取、沒有責任感。更爲重要的是，當你施捨一個人時，你就否定了他的尊嚴，你否定了他的尊嚴，你就搶走了他的命運，這在我看來是極不道德的。作爲富人，我有責任成爲造福於人類的使者，卻不能成爲製造懶漢的始作俑者。

任何一個人一旦養成習慣，不管是好或壞，習慣就一直占有了他。白吃午餐的習慣不會使一個人步向坦途，只能使他失去贏的機會。而勤奮工作卻是唯一可靠的出路，工作是我們享受成功所付出的代價，財富與幸福要靠努力工作才能得到。

在很久很久以前，一位聰明的老國王，想編寫一本智慧錄，以饗後世子孫。一天，老國王將他聰明的臣子召集來說：『沒有智慧的頭腦，就像沒有蠟燭的燈籠，我要你們編寫一本各個時代的智慧錄，去照亮子孫的前程。』

這批聰明人領命離去後，工作很長一段時間，最後完成了一本堂堂十二卷的巨作，並驕傲的宣稱：『陛下，這是各個時代的智慧錄。』

老國王看了看，說：『各位先生，我確信這是各個時代的智慧結晶。但是，它太厚了，我擔心人們讀它會不得要領，把它濃縮一下吧！』這些聰明人花費很多時間，幾經刪減，完成了一卷書。但是，老國王還是認爲太長了，又命令他們再次濃縮。

……

這些聰明人把一本書濃縮爲一章，然後減爲一頁，再變爲一段，最後則變成一句話。聰明的老國王看到這句話時，顯得很得意。『各位先生，』他說：『這眞是各個時代的智慧結晶，而且各地的人一旦知道這個眞理，我們大部分的問題就可以解決了。』這句話就是：『天下沒有白吃的午餐。』

智慧之書的第一章，也是最後一章，是『天下沒有白吃的午餐』。如果人們知道出人頭地要以努力工作爲代價，大部分人就會有所成就，同時也將使這個世界變得更美好。而白吃午餐的人，遲早會連本帶利付出代價。

一個人活著，必須在自身與外界創造足以使生命和死亡有點尊嚴的東西。

愛你的父親」

洛克斐勒大事年表

年代	生平紀事
一八三九年	七月八日出生於紐約里奇福（Ríchford）。
一八五二年	就讀歐威哥學院中學。
一八五四年	就讀克里夫蘭史壯鎮的「中央高中」，時年十五歲，在〈自由〉這篇文章中，主張廢除奴隸制度；該年秋天受洗皈依基督教浸信會。
一八五五年	夏天，十六歲的洛克斐勒結束佛桑商學院三個月短期課程，八月開始在克里夫蘭找工作，九月二十六日找到第一個工作，在修伊和塔托公司當記帳員，花一毛錢買一本紅色小冊子，一本神聖不可侵犯的「A帳冊」（Ledger A），詳細記下每筆開支和收入。終其一生，洛克斐勒珍視A帳冊如最神聖的傳家之寶。
一八五八年	四月一日，十八歲時創立克拉克和洛克斐勒合夥企業。
一八六四年	九月八日，二十五歲的洛克斐勒與二十四歲的羅拉結婚。
一八六五年	二月，洛克斐勒買下「克拉克暨洛克斐勒公司」，並進軍石油業開啓一生事業的成就。
一八六七年	三月四日，「洛克斐勒與安德魯和佛拉格勒公司」成立，佛拉格勒成為合夥人，更是左右手。
一八六八年	八月，洛克斐勒搬入「富豪街」歐幾里得街四二四號這棟樸實寬敞的磚房。

年代	生平紀事
一八七〇年	一月十日成立一家俄亥俄州「標準石油公司」。
一八八二年	一月二日成立標準石油「托拉斯」（Trust）。
一八九二年	捐款創辦芝加哥大學並成立基金會，資助世界各地的教育及醫療研究機構，確立日後行善風格。
一九一〇年	成立「洛克斐勒衛生委員會」，清除南美的鉤蟲，並引燃一場醫學教育革命。
一九一一年	五月十五日，標準石油托拉斯被終結。
一九一三年	財產為九億美元，若二十世紀有《富比士》四百排行，無疑是榜首。
一九三七年	五月二十三日於佛羅里達去世，享年九十七歲。

風雲人物 011

洛克斐勒

Rockefeller

作　　者　吳惠林
發 行 人　楊榮川
總 經 理　楊士清
總 編 輯　楊秀麗
主　　編　侯家嵐
責任編輯　侯家嵐
文字校對　石曉蓉
封面完稿　陳亭瑋
封面插畫　莊河源
出 版 者　五南圖書出版股份有限公司
地　　址　106台北市大安區和平東路二段339號4樓
電　　話　(02)2705-5066
傳　　真　(02)2706-6100
劃撥帳號　01068953
戶　　名　五南圖書出版股份有限公司
網　　址　https://www.wunan.com.tw
電子郵件　wunan@wunan.com.tw
法律顧問　林勝安律師
出版日期　2017年10月初版一刷
　　　　　2023年 8 月二版一刷
定　　價　新臺幣350元

國家圖書館出版品預行編目資料

洛克斐勒／吳惠林著. -- 二版. -- 臺北市：
五南圖書出版股份有限公司, 2023.08
　面；　公分
　ISBN 978-626-366-293-3（平裝）
1.CST: 洛克斐勒(Rockefeller, John Davison, 1839-1937) 2.CST: 企業家 3.CST: 傳記
785.28　　112010557